Akashic Reading V

前世

あなたは今世
何を約束して
生まれ変わって来たのか

浅野 信
Asano Makoto

TAMA PUBLISHING
たま出版

前世　目次

序章

「あの人はどうしてこうなんだろう」「どうしてこんなことを言うんだろう」「自分はなぜ、このようなのか」「なぜこんなことを繰り返してしまうのか」人間なら誰でも、少なくとも一度は、そのように問いかけたくなったことがこれまでの人生であったはずです。それは、生まれ育った家庭環境やこれまでの体験だけでは説明しきれない場合もあり、実際は前世が影響していることが多くあります。

私は、正しい転生説とそこに働くカルマ観を基とした文化が、今後の地球社会のベースになると常々感じています。そこでこの書では、私がこれまで長い年月をかけて学び、理解し、体験してきた前世とカルマについてまとめました。先の見えない不況、テロやその報復などの信じがたい争い、一国を代表する人々の疑惑の数々、わが子への虐待、子供たちの間に起こっている悲惨な現象…。すべて必要があって起きている出来事だとすれば、今こそ、転生説の観点が人々に必要だと痛感しています。

人間が肉体だけの存在ではないこと、生命の永遠性、心の大切さ、魂の成長の必要性、人生には目的があること、起きることには意味のあること、宇宙の公正さなどを転生説は裏づけ、そして教えてくれています。

前世を知り、はっきりと自覚することで魂が癒され、人生が変わっていく。このことは、これまで私がリーディングをした延べ六〇〇〇人を超える人たちのその後の人生を見て確信できます。前世を知ることによって、自分の言動に裏づけができ、その言動を変えることで、今の人生が望む方向へと変化していくからです。しかもその生き方そのものが、カルマの解消へとつながっていきます。

本文中でも何度も述べていますが、前世を知ることが重要なのではありません。前世を知って、そこからの学びを今の人生にどう役立てていくかが、もっとも大切なことです。

人は何のために生まれ変わるのか、誰とどんな目的を持って、ある時は離れ、ある時はともに生まれてくるのか。今の人生で果たすべきカルマは何か。そんなさまざまな根源的なクエスチョンが、生まれ変わりの法則を知ると、するすると解かれていきます。

何十回となく生まれ変わるとしても、今回のこの人生はたった一度だけです。この貴重な時間を活かしきるために、転生という概念をお役立ていただきたいと、切に願っています。

＊この本は、二〇〇二年二月十三日、十四日の二日間にわたってとったリーディングを基に書き起こしました。リーディングを行なった時のソースへの質問は、巻末に掲載されています。

第1章 人間はどこから来て、どこへ還《かえ》って行くのか

だから人は生まれ変わる

人は、生命の源からやってきて、生命の源へと還って行く。つまり、誰もがやがては、出て来たところに還って行くことになります。

では、その生命の源とはいったい何なのでしょうか。その基《もと》は絶対ですが、さまざまな宗教では、「神」、あるいは「創造主」などと呼び習わされ、それぞれ具体的な名をつけてきました。宗教、時代、地域などによって、その存在の名は違っていても、生命の源というものは確かに存在し、私たち人間を含めて森羅万象《しんらばんしょう》、生きとし生けるものすべてがこの根源から生じ、あるいは創り出されて来たのです。

特に人間の場合、何度も生まれ変わりながら進化を遂げ、発生源へと帰還する旅を歩んでいます。

つまり生まれ変わりとは、ふるさと還りの旅です。そう考えると、なぜイエスが、注①放蕩《ほうとう》息子の喩《たと》え話を頻繁《ひんぱん》にされたかが理解できるでしょう。生まれ変わりとは、人間の本来の有り様《よう》を取り戻させる旅です。

生命を進化させ、源へと帰還して行く方法が生まれ変わりであり、その時の現象です。その現象は、私たちの目に見える現われとしてのすべての存在や現象とは、相対的なことが特徴です。

私たちが日々目にしているのは、物理領域における在り方です。しかし、その基は絶対界に在ります。それが本来の神の在り方です。さまざまな呼び名を持つその「基」が、まず本来の絶対としての在り方を自ら止《や》め、相対的な現象界に顕現《けんげん》した最初のお姿が唯一神、あるいは創造主となりました。注②

これが生命の源の姿です。ここからさまざまな生命の誕生が始まっていきます。人間の場合は、輪廻転生《りんねてんしょう》という固有の進化方法をとって、根源へと帰還するプロセスを辿ります。

輪廻転生で、人は進化し成長する

銀河系の宇宙は、すでに百億年は経っていると言われます。地球を含めた太陽系でも、五十億年以上は歳を重ね、その中の地球という星に生き物が現われるようになってからは、十億年経ちます。

この悠久《ゆうきゅう》の生命歴史の中にあって、人が地球上に出現したのは、今から一千万年前頃。一般的には、人が誕生してから百万年とも三百万年とも言われていますが、実際はもう少し前からであり、一千万年ほど以前の時点でした。最近の考古学的発掘調査によっても、人の起源は次第に溯《さかのぼ》り、五百万年が六百万年に塗り替えられ、ごく最近では七百万年ほど前の人骨が発見されています。一千万年と言えば非常に長い時間のようですが、地球上における生命の歴史の十億年からすると、ごくごく最近のことになります。さらに地球年齢の五十億年から見れば、人の歴史は一瞬とも思うほどに浅い時間です。

時間も空間もない絶対界から最初に唯一神、創造主が顕現され、そこから森羅万象、あらゆる有機的生命体が創られ、現象世界が宇宙という形で発生しました。その中で厳密な意味では、ただ人だけが輪廻転生をしながら、基の源へと帰入するプロセスを辿っています。けれども、広い意味においては、森羅万象すべてが輪廻転生しながら同様の道を辿っているとも言えます。惑星でさえ輪廻転生しています。

人は、その中で典型的な存在なのです。輪廻転生とは、変容するメタモルフォーゼのことです。近代の科学ではダーウィンが進化論を唱えて以来、生物の進化と成長とが知られるようになりました。けれども人間が発達し、完成へと向かう真の原理は、輪廻転生です。ある意味でダーウィン以来、認められることになった科学の領域における生物の進化論の根底には、輪廻転生の原理が働いています。両者の間に矛盾はありません。

やがて科学がいま以上に進歩した時、その関連性が明らかとなり、ダーウィン以来の進化論の先に、古来から主に宗教の領域で説かれてきた輪廻転生説が浮かび上がり、裏付けられ、またそれによって進化論自体も完成する時代がやってくることでしょう。

本書は、その準備のために記されました。いまが、その時期だからです。

転生しても、人は変わらない

いずれ生物学や医学の教科書に、生命現象の一つとして輪廻転生が記述されるような時代がやってきます。輪廻転生は、真の進化論として登場することでしょう。これまで人類の歴史の中で輪廻転生は、哲学と宗教の分野で、まず登場しました。最も一般的に知られているのは、インドのヴェーダ[注③]とウパニシャッドの中においてです。

ヴェーダは四つほどありますが、その中で最古のリグ・ヴェーダの中には「再死《さいし》」という用語が出てきます。「再死」、再び死ぬということは、「死」は新しい「生」の始まりであり、複数の生死が発見されているということ。再生より先に再死、ということが、まず気づかれるようになったのです。けれども土着のインド人たちの中では転生説はなく、イランなど、インド北西部から侵入してきた征服民族のアーリア人が、転生説を携えてインドにやって来ました。彼らは進歩した文明を持ち、武器や道具を駆使する民《たみ》たちで、物を作り、さらにコントロールする能力に秀で、そのために土着のドラヴィダ人を始めとする種族の支配者となりました。

生まれ変わりは、肉体の再創造を意味しています。肉体とは物です。魂が物としての肉体を創造し得る、それは、この世において私たちが物を作り、道具を扱うなど、物のコントロールと相《あい》通ずるものがあります。やがて、意識によって肉体と心を統御できるようになり始めた時、人は輪廻転生するようになりました。

地球上に人が誕生してから一千万年ほど経ちます。しかし、人類が地球上に誕生した時点から、すべての人たちが同時に生まれ変わりを開始したわけではありません。生まれ変わりは、少しずつ起きるようになりました。最初は非常に緩慢なサイクルで、転生が一部の人たちに起き始め、すでにその時点で、地球の霊界は存在しました。それをプラトンの用語を借りて、イデアと呼ぶこともできるでしょう。

生まれ変わるということは、あの世とこの世とを何かが相互に行き来するということです。霊界が無い限り、転生は生じようがありません。それと共に、転生受肉するためには、魂が有り、そこに自分の肉体を作り出す能力がついてこないと叶《かな》いません。そのためには、転生できるほどに魂が発達してきて、物を統御できるまでに発達してきていることが必要です。この段階に至るまでに、長い年月《としつき》がかかりました。転生の主体は、ずっと絶えることなく存続してきているのです。

転生は、別の人に生まれ変わることではありません。人は転生後もその人であり続けます。ですから、生まれ変わっても、人というのはあまり変わらないものなのです。

寿命は、はるかに長かった

人が生まれ変わるようになった最初の頃は、千年に一度転生できるかどうかというぐらい、一つの人生と次の人生との間隔が開《あ》いていました。それほど、転生に手間取ったのです。また、生命自体の呼吸も非常にゆったりしていて、一回の寿命もいまよりもずっと長いものでした。それは、日本の古代においての天皇の寿命や、エジプトのファラオの寿命を見ても明らかです。聖書の創世記に記されているように、太古の人たちは、長い寿命を持っていました。

ところが、人が罪を犯し、心に恐れが生ずるようになって病気がもたらされ、呼吸も浅く短くなり、それに伴って寿命が短縮してきました。と同時に一方では、転生が可能となり始め、しかも次第に転生と転生との間隔も狭まるようになっていきました。

それにつれ、人間に自分たちが転生しているという自覚が芽生え出しました。転生のサイクルが長いうちは、転生しているということがあまりわかりません。けれども、そのサイクルが短くなり、しかも大半の人たちが転生するようになって、「自分たちは転生しているんだ」ということがわかるようになってきました。自分を始め、身近な人たちがかつての誰それの生まれ変わりだと把握できるようになり、哲学者あるいは人間の生き死にたずさわる役目の祭司階級の人たちの中に、「再び生まれ、再び死ぬ」ということが明らかになってきたのです。

世界中で、こうして転生説が芽生えた

インドでは、リグ・ヴェーダの後《のち》、バ[注④]ラモン教の中でそれが説かれ始め、ゴータマ・ブッダにもその影響が及びました。のちにヒンドゥー教の中で、転生は一般化し、インドは生まれ変わりを認める国として、世界中に認識されるようになります。そして、それは主に仏教を通して、チベットにも伝播《でんぱ》していきました。

インド仏教の中では、[注⑤]世親《せしん》の成業《じょうごう》論が哲学的基盤を成しました。また一方では日本にも伝えられ、生まれ変わりということは実際に起きていることだと受け入れられるようになりました。日本に来てからは、浄土系仏教の中に親鸞が現われ、[注⑥]罪業《ざいごう》思想を深めました。親鸞の[注⑦]往相《おうそう》廻《え》向《こう》（顕界→浄土）と還相《げんそう》廻向（浄土→顕界）の概念の中に、転生説を見るこ

とができます。ここでの浄土とは、高次の霊界を意味しているからです。

東南アジアにおいても同様でした。主にアジアでは、古来からの宗教形態としての自然崇拝並びに祖霊崇拝、すなわちシャーマニズムと結びついていきました。先祖から子孫へ向けて、部族―主に家系の中での生まれ変わり―ということで、転生が大事にされたのです。実際、アジアのように、その土地に根ざした家単位の農耕社会では、霊界にもその形態が及び、生まれ変わる時も、家を盛り立てるためにひとつの家系の中での輪廻転生が顕著となりました。一家を栄えさせることを目的にして、一群の魂たちが頻繁に生まれ変わってくるため、この世でもアジアの人口は増える傾向がみられます。

それに対してヨーロッパでは、あまり家族を主体とした在り方をとっていないため、霊界にもそれが反映し、そのために一種のコミュニティのような大きな単位を霊界で築き上げました。それが強固で安定しているため、生まれ変わりのサイクルは今でも緩慢です。しだからヨーロッパでは、生まれ変わりがあまり起きず、したがって人口も増えません。しかし溯れば、欧米でも転生説は認められていました。古くは古代エジプトのピラミッド建造期に記された『死者の書』注⑧の中に、転生説が見られます。

エジプトの宗教を、ほとんどそのまま踏襲《とうしゅう》することとなったギリシャにもそれは引き継がれ、音楽の神として知られるようになったオルフェウスが輪廻転生説を唱えました。オルフェウス教はその後衰微《すいび》しましたが、あたかもそれを復興するかのようにピタゴラスが登場します。ピタゴラスは輪廻転生説を積極的に採用し、具体的に誰が誰の生まれ変わりかということを説き始めるようになった最初の人物になりました。ピタゴラス自身、自分の前世を十個以上も自覚していたといいます。その内容が正確であったかどうかはともかくとして。

ピタゴラスの後、哲学者プラトンが現われ、生まれ変わり説を不朽《ふきゅう》のものとしました。プラトンは、アトランティスが存在したと説いたことでも有名です。その後、新プラトン学派の大成者、プロティノスを始め、プロクロスらへとその説は伝えられていきました。

一方メソポタミア文明の中では、豊穣《ほうじょう》の神が自然の循環を通して穀物の恵みを与え、人々は生命の転生を感じていました。しかしアブラハムはウルを出発し、神に導かれカナン[注⑨]の地へと向かうこととなりました。そこでサレムの王子、メルキゼデク[注⑨]から祝福を受けます。

　このメルキゼデクこそ転生説をアブラハム[注⑨]に授けた、ヘブライにおける最初の人でした。のちにヘブル人[注⑨]たちは、ヨセフの導きでエジプトへと迎え入れられることとなりました。エジプトに渡った彼らは、その国でも転生説を聞くこととなり、そこで遠い記憶が甦《よみがえ》りました。モーセに率いられ、エジプトを出て、苦難の旅の後、ヨシュア[注⑩]の尽力で故郷に帰ったイスラエル人たちは、国を建設します。そのヨシュアこそ、アカシックレコードから地球と人類の創世をリーディングし、モーセの五書を筆記した者だったのです。

　その後、イスラエルには[注⑪]預言者《よげんしゃ》サムエルが現われ、カルメル山に預言者学校を立てました。その中には、かつてメルキゼデクが説かれた精神が織り込まれていくこととなりました。

　[注⑫]預言者学校は、さらにその後、ユダヤ教の一派、[注⑬]エッセネ派として命脈《めいみゃく》を保ち、預言者たちの予告したメシアの登場を準備します。ファリサイ派、サドカイ派に対してこのエッセネ派は、古くからの伝統を保持していた一派でした。そのため転生説もそこでは認めら

れ、生まれ変わりながらアダムが自らを備えていくということを知っていて、彼らは聖書の秘教的解釈法を保持していました。近年、死海写本[注⑭]が発掘され、クムラン教団のあったことが、学界でもセンセーションを巻き起こしました。このクムラン教団こそがエッセネ派だったのです。

洗礼者ヨハネとイエスとは、エッセネ派で学びました。彼らもまた、エッセネ・ブラザーフッドのメンバーだったのです。そのため初期においては、キリスト教でも転生を認めていたのです。それは聖書の中にも何ヵ所か証拠が残されています。よく知られているのは、ペテロが尋ねてきたことに対してイエスは、[注⑮]「洗礼者ヨハネは預言者エリヤであった」と答えたものです。また神秘体験で有名なパウロは、イエスのことを「最後のアダム」と呼び、それに対してアダムを、「最初のアダム」と位置づけていました。もともと、今のトルコに当たる小アジアは、中近東の砂漠とは異なり、ギリシャの影響があったことと、土地が比較的豊穣で穀物を産することで、自然の循環が、転生観を受け入れやすくしていました。

それでは、キリストは生まれ変わりを認めていたのでしょうか。その答えは、ここにあります。そう、キリストは復活されました。また、生前から自分が復活することを再三予告していました。実はキリストの復活自体が、生まれ変わりがベースにあるということなのです。なぜなら復活とは、肉体の完璧な再創造だからです。そのような意味で、キリストのやってのけた復活とは、転生の完成、あるいは終結だったと言えます。復活というのは、転生の一つの形態であり、しかも転生が完璧に成されたということ、それが復活に他ならないからです。このようにキリストの復活は、転生の法則と深く関連しており、そのゴールだったのです。

パウロの後にその地盤を受け継いだ使徒ヨハネは、アジアで神秘的なキリスト教を完成させました。それは原始キリスト教、ギリシャ思想ばかりか、エッセネ神学、さらにはアルテミス女神と共に聖母マリアの豊穣性とも結びつくことになりました。後の神秘的なキリスト教は、そこに源流を発しています。それはかつてエジプトにあった、イシス・オシリス[注⑯]の秘儀とも通ずるものがあるのです。それらは、一般社会に現われて表立って活動する公教的な顕教《けんぎょう》に対する秘教的な密教として続いていき、生命転生説の担い手となりました。やがて、時期至ってロシア人のブラヴァッキー女史が神智学体系[注⑰]の中で、カルマと転生説を大きく取り上げました。その影響下に現われたルドルフ・シュタイナーは、人智学[注⑱]の中で、それをさらにキリスト教との関連で解き直し、整理しました。

欧米では、ヨハネ的キリスト教の流れとともに、クレメンスやオリゲネス司教の中にも転生説が見られます。中世のフランスには、生まれ変わりを信じるカタリ派[注⑲]がありました。近代になると、クリスチャン・ローゼンクロイツのバラ十字団からサン・ジェルマン伯爵《はくしゃく》が現われ、人々の面前で前世を想起してみせました。詩人では、エマーソン、ホイットマン、ワーズワース、コールリッジ、ブレークらが転生を認めたことで知られています。

一方グローバリズムの国、アメリカでは、その国自体が一つの実験場のようなところがあったため、催眠が流行り、同じ頃、エドガー・ケイシー[注⑳]もリーディングを始め、その中にインドで説かれた概念であるカルマと生まれ変わりのことが頻繁に出てきました。エドガー・ケイシーの後も、それは途絶えることなくさまざまな流れを生み、今日にまで至っています。催眠も、前世にまで遡る退行催眠として治療にも積極的に取り入れられ、いま、その可能性が模索《もさく》されています。

第2章

カルマを知ると、輪廻《りんね》転生はあたりまえになる

輪廻転生説、二つの種類と三つの流れ

輪廻転生説は最近になってようやく再浮上《ふじょう》し、少しずつ知られるようになってきましたが、それが主に、アメリカからの逆輸入という形で起きて来ているのは面白い現象です。アメリカでは昔ながらの輪廻説を、トランスミグレーション（transmigration）、それに対して本当の転生説を、リ・インカーネーション（reincarnation）と呼び、区別して使っています。

では、トランスミグレーションとリ・インカーネーションは、どう違うのでしょうか。転生受肉、あるいは再生としてのリ・インカーネーションは科学的進化論であり、人間は人間にだけ生まれ変わりながら成長を遂げていく、としているのが特徴です。

それに対して、[注①]六道輪廻《ろくどう》（昔ながらの輪廻説、トランスミグレーション）は、インドのヒンドゥー教や仏教などの中で、迷信も取り込んでいった非科学的なものです。呪術的《じゅじゅつ》手法も使われ、その説には、間違いも多数混在《こんざい》しています。たとえば、動物が人に、あるいは人が動物に生まれ変わるとも説いていて、古来からの言い伝えのまま、整理されていな

い説という位置づけになっています。

転生に関する歴史は、ヨーロッパでスピリチュアリズム（心霊主義）の中で登場し、それがアメリカに渡って開花し話題となって、日本にも伝わってきました。しかし、日本では古来からもともとそのような素地があったのです。

アメリカでは、主に三つの流れで転生説が認識されるようになりました。その一つは年令退行催眠で、ブライディ・マーフィー事件[注②]以来盛んとなり、今では「前世療法」として、アメリカばかりではなく日本でも少しずつ試みられるようになってきている手法です。

二つ目の流れは、時期をほぼ同じくして、催眠をきっかけにして偶発的に霊読《れいどく》、すなわちアカシックレコードの読み取りが可能となったエドガー・ケイシーの出現に始まります。それ以来、リーディングあるいはチャネリングとして、たとえばアロン・アブラハムセン、ポール・ソロモン、アレン・マイナー、ケビン・ライアーソン、ヨハネ・ペヌエルなどが、その業《わざ》と使命を継承してきています。

三つ目は、前世を記憶している人たちです。おもに子どもたちですが、彼らにとってこれは間違いなく正しい記憶の甦《よみがえ》りである、ということを、前世の確かな裏付けを科学的に証明しています。よく知られているのは、アメリカ・ヴァージニア大学医学部精神科教授のイアン・スティーブンソン博士の研究です。彼はインドを始め、世界各国からその症例を数千も集め、くわしい調査の上で、転生の可能性のあった興味深い事例を公表しました。

世界に目を転じれば、チベットの活仏《かつぶつ》ダライ・ラマの選び方は、「前任のダライ・ラマの時を己《おのれ》の前世として覚えている、生まれたての子どもを探す」というもので、これはあまりにも有名です。またインドのサイババ、イギリスの作家ジョーン・グラントなども前世を記憶している人としてポピュラーです。日本では手塚治虫、作家の高橋克彦氏らも転生を自家薬籠《ろう》中の物としました。国内の専門研究並びに実践としては、宗教心理学研究所の本山博博士、浅野総合研究所の浅野信らが成果を上げています。

このように輪廻転生の三つの流れは、アメリカから日本へも渡り、認められ、受け入れられ始めました。そのプロセスの中で生まれた資料は、厖大《ぼうだい》かつ貴重だと言えるでしょう。

カルマが将来を決める

カルマとは、インドのサンスクリット語で、「行為」を意味します。通常、カルマと言う場合は、①行為そのもの②その行為の後に及ぼす影響③行為の原因とそれによって出てくる結果との因果関係、この三つをカルマと規定しています。

一般に「行為」と言うのは、為された物理的行ないだけを意味します。ところがカルマ論においては、それだけでは不十分で、それが後に及ぼす影響としての結果と、そして原因としての行為そのものと、出て来た結果との因果関係を大切にします。このカルマの因果関係があってこそ、転生説が意味を成します。そして、この因果関係こそが精神の発達と成長を促《うなが》す進化論であると捉えられた時、転生説が生命の科学の一部として認められる、つまり転生説が近代化へ向けての歩みを取り始めるようになるのです。また、行為を物理的行ないに限定せず、ことばや意思や想念などの精神的働きも行いとみなすこと、行為の因果法則は、今の人生を越えて長いスパンの間にわたるとすること。このような要素を含むことが、カルマ論の特徴です。

輪廻転生説の中には、さまざまな迷信や盲信、あるいは呪術的な方法などが混在しています。そもそもキリスト教の中に、なぜ転生説がないかといいますと、ある時点で転生説が否定され、抹殺《まっさつ》の憂き目に遭ったからなのです。当初は、キリスト教の中にも転生説がありました。オリゲネスはよく知られているその一人です。ところが、ニカイア宗教会議[注③]に続きコンスタンチノープル公会議の際、「転生説を信じることは罪である」という宣言が採決《さいけつ》されてしまいました。それ以降キリスト教正統派では、人が生まれ変わるなどはナンセンスなこととなり、転生説は、キリスト教の教義と矛盾する奇妙な説として説かれなくなりました。

カルマとは、自分のした行為によって、将来の自分の在り方を決めていくことです。それは、ごく自然な作用反作用の法則であり、鏡の原理とも言えます。そして行われたカルマとその結果が表われ出る時期との間に、ある一定の隔たりがある時、そこに輪廻転生説が生まれます。一回の生涯の間に、カルマの結果がすべて表われるとするならば、何も別の生、次の生を想定する必要はありません。けれども、行為の原因と結果との間に隔たりがあったとしたならどうでしょう。しかも、そもそも次の生をもたらすことになる原因が、前世のカルマそのものであるとするならば、転生の背景というより、その原動力にカルマが認められるということになります。

単に生まれ変わるというだけでは、あまり意味がありません。けれどももし、ただ生まれ変わるのでなく、生まれ変わりは進化をめざして行われ、魂を成長させる有力な手立てである、ということであれば、大きな意味が生まれます。さらに、カルマそのものが次の生をもたらし、はっきりとした因果関係がそこにあるとするならば、転生に注目する価値はあります。

すなわち、前に行われたことがそのままでは終わらず、その人自身の性格、気質、傾向、体質、能力ばかりではなく、運命、環境、境遇、今の課題、さらには可能性、職業・・・などまでも規定し、あるいは方向づけているとしたら、転生とカルマとは、非常に現実的で大事な問題提起をしていることになります。そして、そこにこそ輪廻転生とカルマとを究明し、今後人類のために役立てていくという意味があるのです。

生まれ変わりは、ただ過ぎ去った遠い過去を回顧《かいこ》して、懐かしがったり憧れたり、あるいは恐れるというのではありません。そこには「夢よ再び！」以上のものがあります。転生はカルマによって生命を吹き込まれ、非常に実際的なこととして意味を成し、今の私たちに迫ってきます。

たとえばある人が今日本人で、前世はドイツ人だったとします。今は日本語を話し、ドイツ語はまったく話せなくても、アクセントとかイントネーション、語り方などに、自分では自覚していなくても、なんとなくドイツ語的なものが表われるということがあります。それは方言とか、その人の単なる癖ではなくて、前世の話し方の名残です。

もっと身近な例を挙げると、今世ではまったくの関東人で、親も関東の人なのに、なんとなく関西弁のような話し方をする。それはひょっとしたらその人が前世で関西の人だったからかもしれません。

カルマはどこに存在しているのか

では、一つの生と次の生とを結ぶカルマは、いったいどこに伏在《ふくざい》しているのでしょうか。行われたことがそのままでは終わらず、後に結果を表わすという以上、それはどこかで存続しているはずです。

潜伏《せんぷく》化して表に表われ出ていないカルマを、注④無表業《むひょうごう》と言います。それに対して顕在化してきているカルマを、表業《ひょうごう》と言います。もともと日本では仏教の中で、カルマを「業《ごう》」、「因縁《いんねん》」、あるいは「縁起《えんぎ》」などと呼んできました。仏教では、今の宇宙自体が注⑤サットヴァ・カルマン（有情《うじょう》の業）によって誕生した、とみています。

カルマは表われ出て現象化し、結果を出すことによって完結を見、目的が遂げられ、解消する性質があります。しかしそれに囚われると、またエネルギーがそこで使われ、新たなカルマを作り出していくことになります。行為を為すと、その生命体のエネルギーが動きます。その余波は周りにも及びますが、本人自身の中にも習性として残り、その個人の基《もと》になる一番根源の心身に精神エネルギーとして蓄積されていきます。

さて、ひとつの人生が終わる時、肉体は朽ち果てます。霊界の存在を想定しないと生まれ変わり説はあり得ないのですが、そればかりでなく、人が肉体だけの存在であるとするならば、霊界に行きようがありません。転生説は、肉体と心、意識ばかりではなく、人間とは多重次元の構造である、という前提に基づきます。霊魂は存在し、不滅性を持つという前提です。一番基になるその個人の心身は「原因身」といわれ、インドの言葉では、「カラーナ」あるいは「コーザル」と呼ばれています。人間は、この「原因身」が基になって、感情を主とするアストラルの精妙な心身（微細身《びさいしん》）を形成し、さらに、その物質化した現われとしての肉体と、肉体に属する心があるという三重構造をとっています。そして、その三つの心身をまとめているのが、自我です。

人は誰でも、肉体、微細身、原因身、の三重の心身を持ち、それらを自我（アートマン）、個我（ジーヴァ）などと呼ばれているその人自身＝本体が繋《つな》いでいます。

この世では肉体が主ですが、それだけではなく、アストラル体とカラーナ体もあって生きているのです。それに対してあの世に赴《おもむ》く時は肉体は無くなり、原因身と微細身とだけがあの世に行きます。そしてカラーナとアストラルを基にまた生まれ変わってくる時に、それに見合った肉体を顕現させ、転生します。その時、その肉体を創り出すのにぴったりするカップルを両親として受胎します。そのことと遺伝の法則との間に矛盾はありません。遺伝の法則は、現象レベルでの法則を科学的に説いていますが、その奥には、もっと霊的な法則が働いていて、今の科学では、まだ扱われていない分野です。

霊の法則は、現象レベルでの遺伝の法則の辻褄をあたかも合わせるかのように、根底で働いています。ある行為をすると、物理的な現象はその時で終わります。しかし、その影響は残り、カルマの種子《しゅうじ》として一定のエネルギーパターンをアストラル体に、さらに、その個人の根本を成すカラーナ体に刷《す》り込みます。人は、ある意図を持ってエネルギーを使い、行ないをするので、それ相応のものが、より奥にある本人の体に影響として留まります。それがあの世に行っても本人の中に伏在し、時期が来ると、それを基として、それを解消するために、見合った肉体を創造し、この世に転生してきます。

そのようにして創り上げられた本人の身体《からだ》そのものが、カルマ的所産です。そのため、本人の性格、体質、能力、課題、さらには生き方、運命、境遇、職業…などまでがカルマによって創造されて出てきます。その意味で、すべては自分が行ったカルマの結果であると言えます。そのカルマが現象化して解消するまで、カラーナ心身（アーラヤ識）がそれを保持しているのです。

人間は、カルマの運命の為《な》すがままの存在です。それだけではなく、もっとそれ以上のものが、神から与えられてはいるのですが、実際はなかなかそこから出られず、カルマの因果律の必然性に沿って、あの世とこの世との行き来を繰り返しています。その中で、自分への囚われに落ちているのが実情です。しかし転生とカルマの法則を学び、それをさらに自分に当てはめて、具体的に自分のものを自覚することによって、囚われから脱し、自分のこれまで作り出してきた制約から逃れる道が開かれ始めます。そのためにこそ、転生とカルマを学ぶことには意義があるのです。

チャクラに蓄えられるもの

ではカルマの結果としての種子は、カラーナ体、そしてその現われとしてのアストラル体のどこに、蓄えられているのでしょうか。それは、自分が行う行為の質、あるいは種類に応じて決まります。肉体は食物と水によって養われ、成長していきます。それに対して、アストラル体とカラーナ体は、生命の気＝プラーナをエネルギーとして取り入れることによって、維持されたり発達したり、また健康を保ちます。

そのエネルギーの出入《ではい》り口、いわば呼吸する口に相当する器官が、古来から「チャクラ」

と呼び習わされてきた場所です。チャクラは七つ。それは人間の心の果たす役目が、七通りに分け持たれているからです。心の働きは、脳にだけあるのではありません。中枢神経全体が、心のそれぞれの面を分担し合っています。人がどのようなことを、どんな心持ちで行ったかに応じて、中枢神経の七ヶ所に、行なったことの種類と質と分量に応じたカルマが残ります。

尾てい骨と生殖器に相当するムラダーラ・チャクラには、本能的・身体的行動―主に性欲―などに根ざす行為をしたカルマが蓄えられます。さらに、もっと無意識的あるいは衝動的な行動や性的な行動のカルマは、丹田《たんでん》に位置するスワディスターナ・チャクラに蓄積されます。

感情や想念の行為はそのままでは終わらず、マニピューラ・チャクラという鳩尾《みぞおち》に位置するチャクラに蓄えられます。愛情と食欲に関する行為も、このチャクラです。そして、可能性を開く芸術的な営みの成果も、ここに蓄えられます。これは、プラスのカルマと資質となります。

利他的な愛の行為や、他者の役に立つ社会的な対外行動のカルマは、胸の中央のアナハタ・チャクラに蓄えられます。また同時に、攻撃的な行為もアナハタに蓄えられます。無気力や無関心の行為は、ヴィシュダーに蓄えられます。人生に意味を感じられず、虚無感に陥り、諦観《ていかん》気味であった想いも、ここに蓄えられます。しかし、自分の意志に囚われることなく、空の境地に達せられる良いカルマも、ヴィシュダーに前向きのカルマとして蓄えられます。知恵や学問、知識に関して行った事柄は、眉間に位置するアジナー・チャクラに蓄えられます。絶対者を追求し、合一して悟りを得たい、根源の神に至りたい、という行為は、サハスラーラ・チャクラに蓄えられます。

このように行為の種類に応じて、それぞれのチャクラというエネルギーセンターに、カルマの種子がパターンとして留まります。そしてそれが、それ相応の肉体を、内分泌系のホルモンの働きを規定したり、方向づけて創りだします。その結果、過去にどのような行いをしたかに応じて、その人が本能的・衝動的な人になるのか、感覚的な人になるのか、感情的な人なのか、社会に役立ちたいという利他的な動機で動く人になるか、無気力でうつろげな人になるか、理屈っぽいあるいは知恵に長けた人になるか、神聖さを希求《ききゅう》する人になるか、などが自ずと決まって来ます。

また身体の面でも、泌尿・生殖器系に異常を持った人として生まれてくるか、胃腸などの消化器疾患に罹《かか》りやすい人か、心臓に障害のある人として生まれてくるか、呼吸器に変調をきたしやすい人か、など病的体質も、自ら過去に行ったカルマによって規定されて生まれてきます。

どんな方面で才能がある人として生まれてくるのか、チャクラが覚醒した時に健康になるばかりでなく、どんな才能として表われ、どんな使命を果たしていけるか、なども決まります。


肉体よりもっと奥にあるアストラル体、カラーナ体、アーラヤ識に属する七つのチャクラに、それぞれの行為の種類や質、内容に応じたカルマが種子のように、エネルギーパターンを持って保持されています。それによって、その人の性格や体質、能力や課題、可能性、この世で体験していく事や運命が自ずと表われ出てくるのです。

マニピューラ・チャクラを例にとってみましょう。このチャクラは、食欲、愛情への執着のカルマに関わっていて、ここに強いエネルギーを持った人が転生すると、それに対応する性格面、体質などを創り上げていきます。たとえば非常に感情的な人であるとか、消化器系が悪い人であるとか、あまり食べられない人であるとか、非常に消極的で受身的であるとか。でも、その性質をうまく生かせれば、感情が豊かであったり、感情をコントロールすることがうまかったり、芸術方面で活躍できたりするようになります。前世から蓄えられてきたものが、チャクラを通して表われ出るのです。生まれ変わりは、このように体質や性質、能力や課題をもたらしていきます。

寿命とは、カルマが果たされた時

人は、自分が行なうことによって自分を創り上げていく、カルマ的存在です。今世、生まれ変わって、学び、解消する必要があったカルマがあり、そのカルマが、今回の人生を大きく方向づけていきます。そして、そのカルマが果たされた時が、いわゆる寿命であり、あの世に戻って行く時になります。カルマを果たし、さらに、カルマを越えるために、人は生まれ変わってくるのです。生まれ変わっていく基となるのは、本人が一番関心と興味を持つことです。一番執着や愛着のあることが、その人をこの世に生まれ変わらせます。言い換えれば、我執が、人を生まれ変わらせる根因でもあるのです。

何に興味や関心を持っているのか、それ自体が、本人がかつてした事の表われです。そして、その思いを遂げるために生まれ変わります。ところが、自分のカルマに無自覚で、学び、成長しようというつもりがないと、前世と同じようなことを繰り返します。そして結局、前世と似たような結果に終わり、空回り状態でまたあの世に戻る。これこそが、人が何回も転生してきている理由です。転生は、人に再チャレンジの機会を与えてくれますが、それを十分に生かし切れないままあの世に還って行く人生が多いことも事実です。

ここに、転生とカルマの目的と意味を悟ることの意味があります。カルマに沿って自分を立て直す方向に歩き始めることで、輪廻の輪から脱却する方向に向かうことができます。仏教ではそれをヴィモークシャ（解脱《げだつ》）、あるいは往生と言います。まさしく、カルマからの脱却です。人は成長し、愛を完成させ、すべてが一つであることを学び、会得して、源と一つになるべく、何回もチャレンジとして生まれ変わります。

ところが、そういうことを生まれてくるたびに忘れてしまい、無意味な空回り状態を続けて、あまり成果が上がらず、成長も進歩もあまりしないまま、思いも遂げられずに、また還って行く人が多いのは、どう考えても残念です。それをあの世で反省し、また挑んでくるのですが、そのことをまた忘れてしまい、この世で唯物的な方に走り、エゴイズムの虜に陥ってしまっているのです。

遺伝の法則で、人は転生する

転生説が必要なのは、思いやりの大切さを教えてくれるからです。確かに、肉体的な遺伝の法則によって、親子や兄弟姉妹など、身内は相《あい》似通っています。けれども、遺伝の法則が働いているのは現象レベル止まりです。それしか教えられていない現代の人たちは、何か自分にとって不都合があったり、嫌なことは、「親がこういう人だったから自分もこうなった」と、親のせいにしてしまうことがありますが、それは「縁《えん》」であり、「因《いん》」ではありません。縁とは、環境や条件など、間接的副次的な要因の一部に過ぎません。内なる因こそが真の原因であり、それは自分の前世の行ないにあります。それがカルマであり、自業自得と言われる所以《ゆえん》です。

私たちは、決して両親のせいでいまの自分になったのではありません。自分がそもそもそのようなものを持っていた、あるいは創り出したからこそ、それに見合うカップルを両親として、つまり「縁」としてそこに生まれ、自分が学ぶことを両親の中に見ながら、自分のカルマを自分が受け継いできているのです。

容姿容貌や体型、風貌なども偶然ではありません。同じ親の元で生まれてきた子どもたちの間でも、まったく違う人が現れるのは、それぞれ前世のものが表われたと言えなくもありません。風貌などは、直前の前世と、今世に最も影響の強い前世のものを反映している場合が多いのです。

人は親に似ているというよりも、むしろ自分の前世に似ています。親や身内に似ているというのは表向きであり、現象レベルでの因果法則の辻褄を合わせているだけです。それは喩《たと》えで説明するならば、ネオンのサインのようです。電気の小さな玉がいっぱい並べられている所を創造して見てください。それが順々に点滅すると、光が流れてネオンが綺麗に見えます。しかし、それはからくりで、実は、そのように見えているだけです。実際に光が流れているのではありません。この世の物理法則に沿って、次々に点滅させるので、あたかも光が流れて、ネオンの字が綺麗《きれい》に浮かび上がってくるように見せているだけです。遺伝の法則も同じです。

まだ浅くて幼い現代の学問や科学をバックボーンにして、私たちはこのネオンのからくりに似たことに惑わされています。遺伝の法則に矛盾はありません。遺伝の法則を形成している背後に働いている法則が、カルマなのです。したがって、人は遺伝の法則によって親に似ているというよりもむしろ、もともと似ているからその人を親として、その縁で生まれ変わってきたのです。親子だから似ているのでなく、逆に、似ていたから親子になっただけです。

だからといって、親を尊ばなくていいという意味ではありません。むしろその尊いご縁を大切にすることで、親子となったカルマを互いに果たし合い、解消することとなり、解脱により真の自由が得られるようになります。生殖する時点で、魂は外から働きかけ、自分の肉体を創造していきます。どのようなカップルの生殖行為によって、自分に見合う肉体が創られるか、そこで両親選びが為されます。そこには必ず前世のカルマに応じた、互いの相似関係があるはずです。

妊娠期間中、子どもとなる魂は母体から出たり入ったりを繰り返し、胎児としての自分の乗り物を外から統御しつつ、創造していきます。そして、それに見合う遺伝子の配列を創ります。したがって、遺伝の法則と転生説との間に矛盾はありません。このプロセスが絶妙だからこそ、表向きの物理レベルで作用している遺伝の法則がすべてであると疑われず、それ以上のものがあることに、人の考えが及びにくくなってしまいます。

なぜ兄弟でも違うのか

子どもたちの間で、なぜ同じ親から生まれても違っているのかということを、あまり人は追究しません。それは、たまたまその時の両親のDNAの組み合わせが違って出てくるだけだというぐらいで済ませてしまっています。何故違うのか、ということを学問的に追究しようとしません。「何故か」という問いかけは非科学的であり、それは哲学のすることである、と思うのでしょうか。何故子ども同士の間で違っているのかという理由は、主に二つあります。

一つ目は、異なった魂がそれぞれ降りてきて、その両親を縁、きっかけとして生まれてきますが、魂同士はみな異なる別存在なので、同じ両親を縁としても、親の生殖行為と妊娠は、自分を創造する機会としてだけ利用しています。兄弟姉妹同士でも、そせぞれルーツや前世は異なるので、互いに違ってくるのは当然です。

二つ目の理由は、もう少し物理的な理由です。同じ男女のカップル、夫婦であってもその時点その時点で、心の持ち方、生活状態、心理状態、健康状態、互いの夫婦関係、そして生殖する時の動機と目的などが微妙に違います。そのため、その時点における夫婦関係と心の持ち方、カルマの表われ方や成長のレベル、どの土地で産むようになるかなどによって、同じ夫婦であっても時期によって状態が変わってきます。そして、ちょうどその時期のその内容に応じた受精卵が作り出されます。その受精卵に見合った魂が結びつくので、同じ夫婦の間でも、時期によって違う子どもたちが生まれてきます。

この法則を知ると、子どもを宿す時に、自分たち夫婦がどのような心の持ち方で、どんな意図を持って生殖行為をしたり、子どもを作ろうとするのかを見ていくことを大切にすることができるようになるでしょう。

しかし、人が転生してくるのを決めるのは、親となるカップルだけに依るのではありません。時代性、家のカルマ、土地のカルマ、国のカルマ、民族のカルマ、地球のカルマなどとの関わりもあるのです。カルマは個人のものだけに限られません。そのような一個人を超えたカルマを共業《ぐうごう》と呼びます。

生まれるとは、あの世で死んでこの世に誕生してくることです。死ぬとは、この世で死んであの世に誕生することです。誰でもこれを繰り返してきていますが、それを規定するのが、本人のカルマとさまざまな共業なのです。

第3章

人間は、転生によって進化するレベルにいる

いま、準備の時

「人間は生まれ変わる」ということ、「そこにはカルマの法則が働いている」ということは、昔から仏教や民間信仰で信じられ、説かれてきました。それは、ある種の説や主義、また、宗教や単なる信念ではありません。人が信じようと信じまいと、認めようと認めまいと、厳然《げんぜん》と作用している一つの法則であり、事実です。しかもそれは、ひとりひとりにとって身近なことであり、その将来にも大きく深く関わってくることです。

これからの時代、転生とカルマをベースにした心の文明が築き上げられることが大切になります。私たちは、それに向けて用意を始める時を迎えています。

転生という考えは、決して突飛《とっぴ》なものでも新しいものでもありません。たとえば、初期のキリスト教でも、それを認めていたことが新約聖書の何ヶ所かから読み取れます。ある人が、「この人がこのような状態であるのは、本人自身の罪ですか。それとも両親に依《よ》るのですか、あるいはその他の理由に基づくことですか」と尋ねた時、イエスはそれに対してこう答えました。「この場合はご先祖からの罪でも、本人のものに依るというのでもなく、ただ神の御業《みわざ》がこの者の身に表われたためである」と。それはカルマと前世を周りの人たちが知っていたからこそ、イエスはこう答えられたのでしょう。

しかし、その後キリスト教では、転生説が排除されてしまいました。理由は主に二つあります。

一つ目は、キリスト教が創り上げた教義と相反するようになってきたため。そしてもうひとつの理由は、転生説が悪用される懸念があったためです。たとえば、ある人に対して「こんなことをすると、地獄に落ちるぞ」とか、「今のような生き方をしていると、将来は豚になるぞ」など、威嚇《いかく》したり脅すために使われること。あるいは、「自分は前世で誰それだった」というように自らを誇示し、前世がすごい人であったと吹聴《ふいちょう》して、今の自分を周りに認めさせるような使われ方をされる危惧《きぐ》があったことです。

確かに生まれ変わり説は、悪用される恐れもあります。現代でも、その恐れが、転生とカルマが正しく認識されて世に浸透する妨《さまた》げになっているのは、残念なことです。その意味では、キリスト教会が転生説を一時封じたのは、正解だったかもしれません。

しかし、そろそろ認識され、受け入れられ、生まれ変わりを基に、人々が生きていくことが必要な段階に差しかかっています。そのためにも、転生説を正しく理解し、事実を受けとめ、転生とカルマ説を基に人生を設計し、その上で自らを内省して、立て直していくことが、いま求められています。

現在、カルマと転生とを最も否定し、採用していないのは、キリスト教とイスラム教です。言うまでもなく、その二大宗教こそ、これまでの世界宗教の主流でした。そしていま、その両者の確執《かくしつ》が世界の大きな問題になってきています。だからこそ、東洋に古来から育まれてきた転生とカルマの原理を基に、自分を改めて見つめ直し、そこで自分の成長に取り組み、自分を精一杯生かし、他者のお役に立つということをしていくことがなにより重要なことではないでしょうか。

転生は、生涯体験学習

カルマは、各人が自分の行ないと決断ばかりでなく、それによって起こる結果にも進んで責任を負う、ということを説いています。それは、ただ単なる機械的な行為の因果律ではありません。カルマの法則は、もともと神様が設けられたもので、昔から「善因楽果《ぜんいんらっか》、悪因苦果《あくいんくか》」などと説かれてきました。行なったことに応じた結果が表われるということで、適切さと努力の必要性を教えてくれています。さらに、責任の所在を明確にし、道徳に根拠を与えてくれます。

いわば、神様直々の飴《あめ》と鞭《むち》による愛の教育が、カルマの法則を使って一人一人に及んでいるのです。優しい愛と厳しい愛が、カルマの法則を手段として、過去、現在、未来の三世にわたる体験学習の中で、神によって一人一人に施されています。カルマによって、人は導かれているのです。行為の結果が、我が身に表われ出る。それがカルマです。その意味でカルマは、地球学校＝人生で、愛の教訓を身を持って学ぶための教材、テキスト、教科書でもあります。

転生とは、この世とあの世とを行き来しながら、カルマによって起きてくる出来事を体験しながら魂を練磨《れんま》し、本来の自分の有りようを取り戻していく浄化の道・プロセスです。三世にわたる生涯体験学習と言えます。

どんな範囲で生まれ変わるのか

人間は常に、人間として生まれ変わります。動物が人間に、あるいは人間が動物に生まれ変わるということは起きません。なぜなら、生物の進化には、何千万年も、何億年もかかり、一つの段階から次の段階に進化を遂げるためには、大変な努力と期間を必要とするからです。そんなに簡単に上がったり、あるいは下がったり——つまり落ちたり——はできません。人間が簡単に動物に落ちたり、あるいは動物がすぐ人間に進化してきたり、ということは起きないのです。

人間として生まれ変わっても、同じようなことが起こります。生まれ変わると、多少容姿容貌は変わりますが、表情、仕草、面持ち、雰囲気、態度、癖などは、あまり変わりません。精神的発達も、段階を追って緩慢《かんまん》に進んで行き、やはり、一足飛びというわけにはいきません。

では、どの範囲で人間は生まれ変わるのでしょうか。それは、生殖が可能な範囲で起こります。たとえば、日本人はイギリス人に生まれ変われ、ドイツ人は日本人に生まれ変われます。民族は、転生の妨げにはなりません。確かに、日本人は日本人として生まれ変わりやすいのですが、それに限定されることはなく、まして家系の中でだけ、つまり先祖はその子孫としてしか生まれ変わらないということはありません。別系統にも生まれ変われます。むしろ、逆の側から体験し直すということが大切なので、カルマを摘み取るためにも、まったく違う系統に生まれ変わることは、よく起きています。ただ、人は地上における文明の変遷に従って転生していくケースが多いようです。たとえば、いまアメリカの白人は、アトランティス—古代エジプト—イスラエル—ギリシャ—フランス—イギリス—アメリカと転生したり、今の日本人は、ムー—モンゴル—中央アジア—中国—古代日本—チベット—近世日本—現代日本などというように。

今、日本人である人たちは、前世でも日本人であった可能性が高く、そうではない場合でも、地理的、人種的にも近く、そして歴史の経緯上も日本と関わりのあった所、たとえば中国、朝鮮、インド、チベット、モンゴル、フィリピン、インドネシア、東南アジア、アメリカ・インディアン、などであった確率が高くなります。

キリストの転生は、合計三十回

民族を越えて、人は生まれ変わります。国籍も、そして宗教も。したがって、イスラム教徒がクリスチャンに生まれ変わることもあるし、ヒンドゥー教徒がイスラム教徒に生まれ変わることもあります。このことは、大切なことを示唆しています。宗教や信条の中垣を越えて、人はインターフェイス（interfaith）を実現し、ONEとなるために生まれ変わっていくということです。愛を成長させ、垣根を乗り越え、人類愛、広い同朋愛に目覚めさせるために、この法則は作用しています。

神は公平なお方です。したがって生まれ変わりにおいては、宗旨宗派は妨げになりません。それどころか、そのような違いを越えさせるために、大きな計らいが働いているということ、これはとても重要です。今世での違いは、こだわるほどのものではないということを教えるかのようであり、相手の立場や考え、主義、宗教などを思いやるということが人に求められています。

ユダヤ人がアラブ人に、イスラム教徒がクリスチャンに、アメリカ・インディアンが白人に転生する。ONE　LOVEをめざして人は生まれ変わり、前世の民族・宗教・主義・見解・性別・国籍に関する偏見と固執《こしゅう》を拭《ぬぐ》い、カルマを解消するユニークな機会が提供されているのです。

たとえば、キリストやブッダのような聖者でも生まれ変わってきました。具体的には、キリストの転生としては、聖書の中では八つあります。アダム—エノク—メルキゼデク—ヨセフ—ヨシュア—アサフ—エシュア—イエスです。その他、アトランティス時代にはアミリウスとして、ペルシャではゾロアスターの父、ゼンドとして現われていました。東洋でも生まれ変わっています。合計三十回、イエスの実体は生まれ変わり、最後にイエス・キリストとして出てこられました。来るべき時には、純粋に再臨という形で。

一方ブッダの転生に関しては、仏教の中で、ジャータカ（前世譚《たん》）として語り継がれています。生まれ変わりということは、彼らにとってとても身近な、現実的で実際的なことだったということがわかります。

生まれ変わりのサイクル

輪廻転生のサイクルは、昔になるほど長く、だんだん頻繁になってきています。その反映で、地球上の文化もどんどん変化が速まってきました。そして、またそのことが、生まれ変わりを促進させることにもなっています。なぜなら、文化が変わると、生まれ変わってきて学べることも多く、カルマを果たし、成長を遂げやすいからです。

昔は千年、二千年に一度でしたが、今では平均すると百年に一度ぐらいずつ、人は生まれ変わるようになりました。もちろん、個人差があります。速い人は数ヶ月から二、三年で転生してきますが、遅い人は、今でも五百年経ってようやく転生します。平均すると、五十年から二百年ぐらいで生まれ変わります。

生まれ変わりそのものは、今から三万年ぐらい前から始まりました。人が一千万年前に創られたとすると、生まれ変わりが始まったのは、ようやくここ最近、三、四万年にすぎません。つまり、人は長い間、生まれ変われませんでした。「生まれ変わらなかった」というより、「生まれ変われなかった」のです。生まれ変わるほどには進化を遂げていなかった、ということです。物質の統御力がまだ魂についていなかったので、肉体を創造できなかったからです。

人は全員、前世を持っています。今世初めてという人は一人もいません。でもこれ以降、また生まれ変わる人と、今回が最後という人とに分かれます。

動物までの進化段階では、まだ生まれ変わることができませんが、一方、人間以上の生命の進化段階に達すると、また生まれ変わらなくなります。もはや、生まれ変わる必要性がなくなるからです。つまり生命のうち、人という進化段階においてだけ、生まれ変わりを通して成長、発達するという方式がとられています。したがって、転生は人間特有の現象、進化方法なので、人間以上に高度な進化を遂げると、生まれ変わってこなくなります。

生まれ変わる人、生まれ変わらない人

同じ人間の中でも、進化のレベルには大きな個人差があります。それは、生命は平等であるということと矛盾はしません。平等は当然ですが、その上で、各人の努力、生き方に

よって差が出て来ます。

人を生まれ変わらせる要因は、生まれ変わってまた、自分の思いを遂げたい、ということにあります。どんな思いを遂げたいか、その興味や関心、執着の対象は人によってさまざまで、それが、その人の傾向と特色となります。その基には、その人のカルマがあります。それによって、その人が何を引き寄せ、行ない、どんなことを体験していき、反応し、どんな運命を辿るかが決まってくるのです。

しかし、その執着があまりにも強過ぎ、好ましくない欲望であると、今度は、生まれ変わりたくても生まれ変わってこられません。それは、この世の秩序を保つための摂理です。

一方、高度な進化を遂げた魂で、聖者のように完成したり、完成に近づいてきても、あまり生まれ変わりません。非常に業が深い人と、大きな成長を遂げた清らかな人、この両極端はあまり生まれ変わらず、また、生まれ変わりのサイクルも長くなります。業が深い、問題を引き起こしやすい人と、自分を浄化し、成長を遂げてきている素晴らしい人という正反対のタイプは、あまり生まれ変わってこないという現象は似ていても、その理由は対照的なものです。

その結果、中間レベルの大多数の人たちが、一番頻繁《ひんぱん》に生まれ変わってきます。キリストやブッダは、もう生まれ変わりません。キリストの周辺にいた人たちは、生まれ変わってくることはありますが、その場合でも、たとえばキリストの十二弟子が、勢揃《せいぞろ》いしたり、どこか一つのグループに集中することはありません。日本の仏教の宗祖などは、生まれ変わってくることも、時にあり得ます。

地球学校卒業見込みの割合

ほとんどの人は、アストラルレベルの霊界とこの世を行き来し、自分の感情や興味が主となって動き、生きていきます。そして、カルマの通りの人生を必然的に歩んでいます。自分では「自由だ」と言っていても、実際は自分のカルマから不自由で、結局、その通りの人生を歩んでしまいます。それは、カルマと自分の前世に無自覚だからです。反省が足りず、学んで成長することをせず、心がけと行動パターンを改めないと、それは何度でも起こります。前世とカルマを認識することによって、自分から自由になり、本当に創造的な人生を歩めるようになれるのです。そして、他者のためにもなることができます。

高度な進化を遂げた魂が生まれ変わってくる時は、生まれ変わる必要性があるというより、自由意志、あるいは神様からの指令で生まれ変わってきます。その生まれ変わりは、あまりカルマに基づくということはなく、そして生まれてきた以上は、他者のためになり、立派な仕事をして周りのお役に立っていきます。

では、今世が最後という、いわば「地球学校卒業見込み」の人たちは、どのぐらいの割合でいるのでしょうか。それは、およそ五十人に一人、あるいは百人に一人ぐらいです。仏教やヒンドゥー教などでは「解脱」――すなわち今世で最後になれる――といわれる、輪廻転生のサイクルを脱却するためには、悟りを開いた聖者にならないと無理だと、厳しく捉えています。

しかし実際は、数十人に一人ぐらいは出て来ています。その人たちは必ずしも、この世的にすごい肩書きを持っていたり、名高い宗教者とは限りません。むしろ無名の一主婦であったり、肩書きなどない場合が多いものです。それは霊界に行って救われる人や、素晴らしい霊界に行く人たちの場合も同様です。この世にいたときの地位や名誉、評価、財産、また分野、職種は関係しません。そのような人たちの特徴は、奉仕的、謙虚で、幼子のようであるということ。そして周りに対して配慮し、「いて欲しい人」と人々が思う場合が多いものです。

地球学校を卒業するためには、自分がそんな人になっていくことが必要ですが、最終的にそれを決めるのは神様であり、また自分の行ないであり、努力です。

人は、何回生まれ変わるのか

人は、三万年ぐらい前から生まれ変わるようになり、生まれ変わりのサイクルはだんだん短く、頻繁になってきています。そして今では、百年に一度ぐらいずつになっています。では、人は何回ぐらい生まれ変わるのでしょうか。少ない人で三十回ぐらい、多い人で百回ぐらい。平均すると七十回ぐらい、人は転生してきています。

さて、ヒンドゥー教などでは、何万回、あるいは何百万回も人は転生してきていると説いていますが、それは、文字通りの回数ではありません。また、動物が人に生まれ変わるということも説かれていますが、そのような事も起きていません。では、なぜ何万回などということになってしまっているかというと、一つは誇張してサバを読んでしまっていることもありますが、そればかりではなく根拠もあります。

転生は、前世の記憶に大きく関わりがあります。瞑想をすると、前世の記憶を辿ることができ、熟達した人たちは、自分自身の前世だけではなく、ご先祖様の前世の記憶も遺伝子を通して、自分の中に入って来ます。それが、回数に加算されているのです。あるいは人間の先祖ばかりではなく、人間になるまでの生命の歴史の記憶も、遺伝子を通して自分の中に入っていて、それまで加算すると何十万回ということになります。実際に転生してきたというより、自分の中にある記憶を辿ると、何十万回、何百万回も自分は生まれ変わってきたという実感があって、そんな回数になります。

また、人はアカシックレコードを読み取る能力もあり、その奥深い意識はまるでインターネットのようで、他者の記憶も思い出す能力が備わっています。アカシックレコードはオープンズシステムなので、他者の生まれ変わりまで思い出せば、回数は非常に多くなります。これが、途方もない数になっている理由です。しかし実際は、自分自身としてはせいぜい数十回程度の回数です。

また、ヒンドゥー教や仏教では、転生からの離脱は非常に困難である、男性にならないと転生を完了させるのは難しいなどと説かれていますが、そのようなことはまったくありません。転生を終了させる上で、性別は問題にはなりません。

男性の方が解脱しやすいと言われてきたのは、当時の社会的な一つの事情を反映しているだけです。説かれてきたことと、実際の事実は必ずしも一致しません。転生を完了するのは、聖者にならなくても可能であり、もちろん、女性であっても男性であっても可能です。転生説は、このように男女の平等・同権も教えてくれています。

性別から自由になる

女性が男性に生まれ変わったり、男性が女性に生まれ変わったりすることは、十分可能で、実際たくさん起きています。性別は、生まれ変わりにとって、あまり重要ではありません。

人の、個人として最も基《もと》になる心身は、原因身―カラーナ体―です。仏教では、「アーラヤ識」に相当し、一番記憶が保存されている基を意味します。そのカラーナ体から脱却《だっきゃく》でき、自分がＯＮＥに目覚め、源と一体化すると、時間と空間を超えて、転生のサイクルもはるかに越えた境地へと至ります。もはや個ではなくなり、どんな体も不要となるからです。

古来から高度の宗教は、それをめざしてきました。個人としてのカラーナ体を持っている限りは、カラーナの高いレベルに達しても、まだ個人として在るために、限界と制約があって、カルマ的な存在です。

輪廻転生を地球上で終了させ、人間として生まれ変わらなくなっても、まだ完成ではありません。霊界に移って、引き続き修行が続けられていきます。アストラルの上界は、天国のような領域です。カラーナは、昔から「極楽浄土」などと呼ばれてきた所で、カラーナまで行くともう菩薩《ぼさつ》であり、カラーナまで達した人たちの十人のうち、二、三人ぐらいが自由意志で、また生まれ変わってきます。これは、親鸞の語っていた還相廻向に相当します。残りの人たちは、もはや人間としては転生せず、霊界で成長し、さらに上がって行くことになります。もし、カラーナまで達した人たちが生まれ変わって来ると、素晴らしい働きをこの世のすべての分野でしてくれます。

個人の基になるカラーナ体は、女性でも男性でもありません。したがって、人間はどちらにでも生まれ変わることができます。ただ、その魂の傾向と特色にしたがって、多くの場合は女性は女性に、そして男性は男性に生まれ変わりやすくなります。しかし、時々別の性を体験することでバランスを取り、違う性の気持ちや考えも体験できるよう、総合化をめざしています。

直前の前世が別の性であったり、今世の性がいつもの自分とは異なる性であったりすると、周りから見ても、自分の実感としても、違和感を覚える時があります。同性愛とかニューハーフということも、すべてではないにせよ、このような生まれ変わりに基づく性転換が作用している例も見られます。

たとえば、もともとの性が男性で今回は女性に生まれたり、あるいはもともとの性は女性だけれども、直前が男性で、今回は女性にまた生まれた場合などは、なかなか結婚しなかったり、働く方を優先し、結婚して家庭を持ち、主婦になるということをあまり選びたがりません。あるいは結婚しても、子どもを妊娠しなかったり、流産しやすかったり、また見るからに体形や体質、ものの考え方や生き方も男性的であったりということがよく起きます。これは良い悪いの問題ではないし、いつもそうであるとは限りません。生まれ変わりがあると認識すると、このようなことも説明できる、ということです。それがわかるだけでも、自分の状態を受け入れられ、ふっ切れて楽になれることでしょう。

また、「元々の性」という言葉も、便宜上使っているだけです。カラーナ体は中性なので、その生命体自身がどんな傾向を持っているかが、すべての基礎になります。アストラル体には、ある程度性別があります。そして、肉体は完璧に女か男か、どちらかでしかあり得ません。しかし霊の観点、つまり本質から見ると、性別というのはあまり重要ではないし、囚われるほどの問題ではありません。

これは、性別を軽んじているのではなく、性別は絶対的な基準で動かし難いものではないという意味です。転生説を知ることで、性別についても人々の視野が広がり、心が自由になり、その事に囚われたりむきになったりしなくなるでしょう。そのことも、転生説のもとに、真の平等が打ち立てられていく大きな要素となります。

つけ加えると、どちらかといえば、人間関係に執着がある人は女性に生まれ変わり、仕事に執着がある人は男性に生まれ変わる傾向が強いようです。

土地の縁が影響すること

前世の土地とのご縁は、よく見受けられます。ある土地に行くと、むしょうに懐かしい、あるいは見覚えがある、などといった体験が伴う場合です。前世その場所にご縁があったのか、あるいは前世でご縁があった所と似ているのでそのように感じただけなのか、さらには先祖の記憶、日本人の郷愁《きょうしゅう》としてそのように感じただけなのか。色々ですが、なかには、具体的にそこのことを思い出し、その裏づけが取れることもあります。

出生国については、日本人が外国人に生まれ変わったり、外国人が日本人に生まれ変わったりします。それでも、日本人は日本人に生まれ変わりやすいのも事実です。そして、一度日本に生まれると、島国で居心地もいいからかどうかはわかりませんが、その後は続けて日本に生まれ変わる人が多いのです。また昔から日本では、「この子はひいおじいちゃんの生まれ変わりだ」などということが言われ、身内や親族の中での生まれ変わりということが当然のように言われてきて、それも確かに多くあります。でも最近は人々の意識も広がり、世界事情も手伝って、家系やあるルーツの中での生まれ変わりの制約から免れ始め、もっと広い範囲で生まれ変わることが増えてきました。

さて、人は生まれ変わってくる時、両親を縁として生まれ変わるのと同時に、土地を縁としても生まれ変わってきます。したがって、生まれた土地の影響を生涯受け続けます。たとえばある人が、滋賀県で生まれ育ち、大学に入学してから結婚し、それ以降は東京で暮らしているとします。そして今でも東京に家を構え、家庭を持って住んでいても、滋賀県の土地の影響を未だに受け続けているのです。

もっと広い範囲でも見てみましょう。ある夫婦が仕事の関係でアメリカに暮らすようになり、アメリカに住んでいる間に子どもを出産したとします。両親は二人とも日本人ですから、遺伝子と血の上では、生まれてきた子も完璧に日本人です。でも、そうとばかりは言えないのです。物理的なことだけで決まらないことが、生まれ変わりの奥の深さであり、面白いところです。両親が完璧《かんぺき》に日本人であっても、アメリカで産んだ子は、必ずしも日本人とは言えないものがあります。本人の魂はアメリカのものになるからです。だから日本に帰ってきてからも、その子供はアメリカの魂を持っているので、当然両親よりアメリカ的、あるいは国際的となります。前世やルーツも異なる場合が多いようです。

次のように説明することもできます。生まれてくるであろう子が、自分に見合うように両親を選ぶばかりではなく、生まれる場所も選ばせるために、この世的な理由をつけて両親をアメリカに導き、そこで宿り、自分が予定通りそこで生まれるようにした、ということもできます。もちろん、いつもこのように働くとは限りません。わかりやすい一つの例です。

アメリカ合衆国でよく起きることを例にとってみると、人種的には完璧な白人であっても、前世がアメリカ・インディアンという人が多く存在します。肉体レベルでは完全に白人ですが、食べ物や衣装の嗜好性《しこう》、また考え方や生き方、ライフスタイル、価値観、仕事、あるいはそのやり方などが、白人というよりアメリカ・インディアン的なものが多く見受けられる人たちです。

このように、直前の前世がアメリカ・インディアンであると、たとえ白人に生まれ変わってもその特徴が顕著になり、また、土地の影響も受けて、たとえ白人に生まれ変わってもアメリカ・インディアンのものが強く表われ出るともいえるでしょう。

日本での例もとって見ましょう。日本の総理大臣が、世界的に例外ないほど目まぐるしく交代するのは、日本の霊界の事情と歴史の経緯に基づきます。それは、その総理大臣の出身を見ると察しがつきます。たとえば、島根の辺りから出た竹下氏は、出雲族の魂たちが推した人、という可能性が高いのです。あるいは、群馬から出た小渕《おぶち》氏は、前世ではアイヌ族でした。日本は今は一つになっていますが、もともとからひとつだったのではありません。そのため辛《かろ》うじて均衡を取るために、それぞれの部族から総理大臣になる人が推され、それが政界の事情にも反映されています。古代のカルマを果たさせるために、そのような事も起き、融合の方へと神が導かれているのです。

いまでは普通の日本人であっても、前世はアイヌの人である、ということもよくあります。その場合肉体的には日本人であっても、考え方や使命、出身地、風貌も何となくアイヌの特徴を彷彿《ほうふつ》とさせるものとなり、その使命を果たしていく役目を担っていきます。

ちなみに九五年に起きたカルト教団のことは、弥生時代に熊本の辺りから富士の方へ移ってきた者たちが、富士で騒動を起こしたカルマを解くために、あのような形をとって現われ出たものでした。これも日本の神々のご経綸《けいりん》に沿って、日本国と民族とを浄化し、新しい時代に備えさせるように起きたことです。またそのような事件が、どの首相の期間にあるかというのも偶然ではなく、本人の持つ前世、カルマ、特質、今世の役目などと深く関連している場合が多いものです。

第4章 前世は、未来のために存在する

新しいインターネットが開かれる

地球以外の惑星からも、人間に生まれ変わってくることはあるのでしょうか。答えは、YESです。地球は閉じられた領域ではありません。宇宙では、他の天体にも生命は生息し、かつ人間と同じような形態とレベルを持った生命体がいます。地球人の準備ができると、地球国の鎖国が解かれ、相互の交信が始まるでしょう。今はそういう時期に入り始めた時代です。

地球国の鎖国を解くために到来しているものが、UFO―宇宙船―として捉えられています。

江戸時代末期のことを思い出してみてください。アメリカのペリー艦隊「黒船」の浦賀への来航によって日米和親条約が締結《ていけつ》され、二百余年間の鎖国は終わりました。その後、横浜・長崎・函館三港が開かれ、貿易が開始されるようになり、外国との交流が始まりました。そしてそれが、明治維新を起こすこととなったのです。いま、ちょうどその時と同じように、地球以外から地球国の鎖国を解くために、黒船ならぬ白船、また黄色い船などが地球に向かって到来しつつあります。白船というのは、リーディングのソースとしてのホワイトブラザーフッド[注①]のことです。黄色い船その他は、それ以外の様々なソース、情報源のことを指しています。地上でも通信技術が発達し、物理領域におけるインターネットは、基《もと》にある意識上のアカシックレコードの物理的反映ともいえます。

このように、物理的なことが準備となって、その原形となるアカシックレコードのインターネットも開かれるようになるでしょう。そこへと繋げるためにもいま、転生について書かれたものが世に出ていく必要があります。地球側の準備を整えるために。そして、受け入れ態勢ができた時点で、地球外の生命体はそれをキャッチし、通信を送ってくるようになります。それは携帯電話のように来るとは限らず、もっと高次の媒体を使うことになるようです。リーディングやチャネリングは、その前兆です。一人一人が自分の心を備えていくことによって、自分の身体が携帯電話のようになり、受信も発信もでき、お互いに会話が取り交わされるようになります。一人一人が自らをそのように備えることは、転生とカルマを知って、自分を調えていくことでもあります。

地球にしか生命体がいないとか、人間は地球にしか住んでいないというのはあまりにも狭い考え方であり、自己中心的です。宇宙はもっと広大であり、神様は地球だけではなく全体の神です。

輪廻転生も、地球にだけ限定されているのではありません。そのような意味では宇宙人の生まれ変わりの人たちもいます。しかも、それはごく一部の人たちに限られたことではありません。実は、皆がそうなのです。誰それが宇宙人の生まれ変わりだといって、びっくりしたり珍しがったりする人たちがいますが、確かにそのようなことは起きています。そして、本当のところは皆がそうなのです。そういう意味では、宇宙人の生まれ変わりというのは別に珍しくありません。

ただそれにしても、非常に特異な例というのはあり、宇宙人の生まれ変わりだと多くの人に言わしめるようなものを持っている人も、確かにいることはいます。しかし、広い意味では全員が宇宙存在であり、地球人というのは宇宙人の一部なのです。

喩えて言うと、神奈川県人、というのは日本人です。神奈川県人であることが、日本人であることを妨げません。日本人の中の神奈川人だからです。さらに、それをもっと広げると、神奈川人は日本人であり、さらには地球人です。それと同様に、地球人であるということは、太陽系の存在であり、さらに銀河系の宇宙存在でもあるということを、そのまま意味しています。

霊界は、夢に似ている

では、転生と転生との間は、私たちはどこにどのようにしているのでしょう。一般には、霊界にいると言われています。いわゆる「あの世」です。確かにその通りですが、一方では、転生する間は他の惑星に存在するとも言われます。どちらが正しいのかではなく、いずれも正しいのです。

たとえば、ある転生と次の転生との間に木星に滞在した場合、それは霊界にいたということと矛盾はありません。霊界は意識の階層を成しています。そして太陽系の意識の階層の中には、地球も含めて、木星意識状態というものがあります。霊界の中でも、木星意識の階層にいる時はその意識状態にあり、それは木星に滞在しているのと同じことになります。木星に居たといっても、地球上で肉体を持っている人間のように居たということではありません。

さらに太陽系に限らず、プレアデスやオリオン、アルクトゥールスなども太陽系を超えた意識の階層で、それは霊界とも対応しています。もともと、霊界というのは一つの領域というよりも、意識の世界です。したがって、それぞれの天体や惑星の波動の意識層と共鳴し合っていて、物理的な距離や位置というのはほとんど関係がありません。三次元レベルでは捉えようのない関係です。霊界は、一つの領域というより、一つの在り方なのです。

他の天体の波動も、物理的というよりも、その基にある在り方を持っているため、地球で肉体を纏《まと》った三次元制約の中でいる以外の時は、その制約から比較的免れています。他の天体も、物理的というよりももっと意識の領域です。もっと広がりがあり、自由な領域です。

占星学と前世とタイプとの関連性については、星が、その人のタイプを決めるのではなく、星の配置に、その人の前世からのものが自ずと表われ出ると言った方がいいでしょう。

ちょうどそういう星の配置の時に、人は生まれ変わるからです。

霊界とは、想念の世界です。夜、夢を見ている時ととても似ています。人が生まれ変わる存在であること、あの世とこの世とを行き来していることの名残とも言えますが、それを証明するどんなことが日常生活で見受けられるでしょうか。自然の循環―毎年春、夏、秋、冬を廻る―ということや、人は昼間は起きて活動し、夜は眠り、夢の世界にいるということがそれを端的に表わしています。夜の夢―霊界、日中の活動―顕界、という対応です。

夢の世界にいると、それが現実だと思い込みます。そして、想念の通りに周りがなっていき、主観的なあり方が夢の特徴です。霊界も同じで、夢を見ている最中は夢だとわからないように、霊界に行っても、自分がまだ生きているつもりでいて、死んで霊界に移っているということをなかなか気づけません。自分はすでに霊界に移っていて、この世的には死んだということに気づくことが、まずは必要です。そのためには、生きている間に夢を見ている時、「これは夢で、現実ではないんだ」と気づくことが取っ掛かりになります。それによって自分の想念から自由になり始めるのです。

子どもは、生まれてきてしばらくは霊界の記憶を残しています。それは、子どもはわがままで、何でも思い通りにしたがること、アニメが好きで空を飛べると本気で思い込んだり主人公になり切るところ、正直であることなどに表われています。それが霊界の存在であったことの名残です。朝起きた時はまだ夢見心地で、夢が自分の中に漠然と留まって、その影響下に置かれているように、人は生まれ変わってきてもしばらくは、霊界の波動や面持ちを受けて生きています。そのため赤ちゃんは、一日の大半をすやすやと眠って過ごします。そして、少しずつこの世に関心と意識の重点が置かれるようになり、今度はこの世がすべてだと思って、物の世界と世俗欲にどっぷりと落ちていってしまうのです。

昼の行ないが、夜をコントロールするように

霊界に行って、「自分はもう肉体的には死んで、霊界の住人になっているんだ」と気づくことがとても大切だと言いました。それに気づくことで苦しみから免れ、自由になり始め、心にゆとりと安心がもたらされます。それと同じように、夜、悪夢にうなされたり、

苦しんでいる時、「これは夢なんだ、現実ではないんだ」と見破ることが必要です。それがトラウマを解消することにも繋がっていきます。

夢を見ながら苦しんだり、夢の中で悲しんだり恐れたりする時は、現実に片づいていないことを引きずっている場合がほとんどです。それを反映して夢を見て、苦しんだり恐れたりしています。もう済んでしまったことなのに、昔のことを思い出して怖がったり、心配したり、苦しむことを、夢の中で反復しているのです。そして、目覚めてしばらくすると、「夢だったんだ。もうあのことはとうの昔に終わったことで、もう大丈夫なんだ」と気づいてホッとし、そして活動に取り掛かります。死んで霊界に行ってからも、もう済んだことなのに、まだ想念の上では処理ができておらず、地上であった事を引きずっていて、霊界で苦しむことがあります。

たとえば癌《がん》で死んだ場合、もう肉体はなくなり、癌ではなく、それは終わってしまっているのに、霊界に行ってもなお癌で苦しんでいるのです。「あぁ、もうこれは現実でないんだ。もう終わったことだし、免れたんだ」と気づければ、そこで癒しが起き、物理的に済んだばかりでなく、精神的にも終了させることができます。その意味で霊界は、この世以上にカルマが顕在化している表業の世界です。

カルマは、表われ出ることによって解けていく性質があります。そもそも解消するために表われ出るのですが、カルマの原因と意図がわからない人たちは、カルマが表われ出ると、つまり無表業が表業になると、当惑し、その波に飲まれてしまいがちです。カルマは解けようとして表われ、表われ出ればそれで済んでしまうものです。もともと有る物が表われてくるのであって、他から襲いかかって来るものではありません。

人によっては、体に痣《あざ》のような形で前世の徴《しるし》が見受けられる人もいます。このようなカルマは、記業《きごう》と呼ばれます。

霊界に行ったら、「もう物理領域では済んだことで、自分は死んで霊界に来ているんだら、もう大丈夫なんだ」と悟ることです。そのためには、自分が生きている間にこのようなことを学んだり理解し、自分の奥深い意識にもわからせてあげることが必要です。先祖に対しては、子孫や縁のある人たちが、ご供養やお祈りをして、それを霊界に伝えてあげることです。昼間の生活の間に、夢のからくりをよく理解し見破って、自分の奥深い意識に言い聞かせておけば、夜、夢を見て、すでにすんだ昔のことを思い出して夢の中で恐れて、ということをくり返さなくて済むようになり、夢の中で「これは夢だからもう大丈夫。もう終わったことだし現実ではないんだ」と夢の中で気づくきっかけになるのと、対応しています。

この世の方が客観的に自分を捉え、現実に気づきやすいから、私たちは生まれてきます。顕界は、悟りやすく、成長しやすい領域です。だからこそ、自分の想念などの主観や思い込みから生ずる苦しみから脱するチャンスです。この世にいる間によく学び、魂の成長に取り組んでおくこと、死ぬ時は自分を突き離し、覚悟してかかることが必要です。

また輪廻転生を知ることで、真の癒しがもたらされます。生命が肉体の死で終わらないこと、縁のある人たちとも再会できるとわかるだけでも救われた気持ちになれるでしょう。そして、公平と正義の原理が誰にでも作用し、報われることもわかります。カルマというのは怖いように見えますが、良いカルマもあり、カルマの原理を知って、それをプラスに転用していけば、むしろそれは突破口になるということに気づいていきます。そして最後は、どんなカルマも捨て、それから自由な神の世界に還っていきます。

どうせ生まれてきたのだから、今の人生の時間の中で、自分によく言い聞かせ、学び、解消していくと、あの世にいる時も困らず、次生まれ変わってくる時は、より良い状態でスタートすることができます。そのためには、いま行うべきことを精一杯行うことです。人生が複数与えられているといっても、今の人生は一回きりなのですから。転生してきたのは、霊的に成長し、心を育み、それを実践し、本来の自分に立ち返って、源に帰還し、ONEになるチャンスを与えられたからです。それを精一杯生かしてください。

トラウマも病気も、大いなる目的がある

精神病と診断される病気のうちで、統合失調症（分裂病）は、非業《ひごう》の死を遂げた時の恐怖心が基になって起きる症状です。あるいは、そのように非業の死を遂げた霊に憑依《ひょうい》されて、統合失調症になるということもあります。憑依はやはりあって、人が動物に転生したり、動物が人に転生したりは起きませんが、動物霊に憑依されることはあります。もちろ

ん、人やそれ以外の存在が憑依することもあります。ただし、世間で憑依と言われているものの多くは憑依ではなく、本人の潜在意識の投影である場合がほとんどです。

とり憑《つ》かれるのは、自分の中にある何かが作用しているので、起きていることを憑依のせいにだけせず、自分で気づいて受け入れ、調整し、立て直していくことに優しく取り組んでいくことが大切です。とり憑くのにも、それなりの理由や必要性があり、救いを求めて憑くのですから、それを受け入れて、その霊も助かるようにお祈りし、一緒に成長していくことです。

躁鬱《そううつ》病などは、感情的なトラウマ―特に愛したり、憎しみを抱いたり―など、愛情、特に色情に関するカルマがあり、それが前世で解消し切れない時に、生まれ変わって鬱病になりやすくなります。

また、一つの感情や思いに囚われ、周りとの交渉ができない人が生まれ変わってくると、自閉症になりやすいようです。

その人が、感情的で消化器系に病が生じやすい体質と気質の人として生まれ変わるか、あるいは外向的、攻撃的でありながら他者のために役立とうともしている行動的な人で、身体的には心臓に病を生じやすい体質に生まれ変わるかなどは、それぞれその人の前世の生き方、行なった事に関係します。そして、それがチャクラを通して内分泌器官のホルモンに作用し、体形、気質、体質、性格、傾向、能力などのカルマ的結果を創り出します。さらには環境、運命、生き方、使命、人間関係までも。どのような前世の影響を持っていても、人はマスターになるため、生まれ変わってきます。自分の肉体、心から始まって、周りの環境、状況、物などのマスターになることが、生まれ変わりの目的です。

前世を知ることは、トラウマを解消するか

前世を知って、受け入れる。そうすると、トラウマが解消され、癒しが生じます。前世が明らかになるということは、そのカルマが解消する時です。本当にカルマがきつい場合は、前世もなかなか明らかになりません。前世が明らかになってきた時点で、無表業が動き出し、解けるために表面化してくるので、前世がわかった時点でカルマは半ば解けていきます。それは、催眠療法によって、いま問題となっている事の原因に到達し、それを思い出すことでカタルシスが起き、その基にあるマイナスエネルギーが解消していくのと同

じです。

前世を知ることで、真に癒しが生じます。前世療法などの退行催眠を受けるのと、リーディングやチャネリングで前世を知らされるのとは、それぞれに特色と可能性があります。いずれにしても、前世に関心を持ったり、前世を探究し、前世を知るということは、とても前向きのことです。前向きの人でなければ、前世に興味を持ちません。生まれ変わりとカルマは、とても現実的で実際的なことなので、それを知ることは、現実に役立ちます。それは未来への力強い推進力になっていきます。トラウマとは、前世そのものが問われているというよりも、現実にいま結果として表われる原因が過去にあり、現在、自分の中で過去のものがまだ動いているということなので、まんざら過去のこととも言えず、むしろ今、表業として動き出してきているものなのです。

意識の領域には、過去も未来もなく、今しかありません。今動いているなら、過去のものでも未来のビジョンでも、まさしく現実なのです。

生まれ変わりの時、両親を選ぶ基準

たいてい、前世からの縁が深い魂を両親として生まれ変わってきます。カルマは自分個人のカルマだけではなく、家のカルマ、土地のカルマ、グループのカルマ、企業など各種団体のカルマ、国のカルマ、民族のカルマ、さらには地球や人類のカルマ、時代のカルマなどさまざまな単位のカルマがあります。それらが相互作用を及ぼし、総合化されて、その魂がどこに、どのカップルを両親として生まれ変わってくるかが定まります。

カルマは、一人で創る場合はほとんどなく、他者との関わりで創り出してきていることが多いために、お互いにカルマを果たし合い、学び合い、赦《ゆる》し合い、浄化し合い、成長し、サポートし合うために転生してきます。したがって、カルマ的に、また学びや興味の点で繋がりのある者の下《もと》に、人は生まれ変わります。

遺伝の法則だけで、親子が似ているのではないわけではありません。似ているから親子となり得るのです。このことを理解すると、世界観や出来事の捉え方がまったく違ってきます。当然、それに対する反応や態度、行動も変わってきて、これからの生き方やカルマ、使命にもそれは繋がっていきます。

そのためにも、「因《いん》」と「縁《えん》」とを正しく捉えること。それがまた、カルマを解消し、本来の生き方をしていく道となります。

前世の記憶は、なぜ失われるのか

なぜ多くの人は、前世の記憶を持っていないのか。それには主に、二つの理由があります。

一つ目は、一生涯の記憶を保存している肉体の心身《しんしん》が、死と共に失われるからです。しかし、その人生で行なったことは、肉体レベルだけではなく、アストラル体を通して、さらには元の身体であるカラーナ体の心身—特にチャクラ—に、他の前世の記憶と共に保管されます。

チャクラが浄化されてくることによって、関連しあっているカルマと感情と記憶は解消され、癒しがもたらされます。前の肉体は、その生涯ごとに失われるので、生まれ変わってきて別の肉体を持つために、そして今回の世に意識を向けていくために、記憶は辿れず、肉体の意識では思い出せなくなります。

もう一つの理由は、出産の時、母胎の産道の狭い所を通ってくる衝撃とその恐怖によって、前世の記憶は失われます。それでもまだ、生まれてきてしばらくの間は、ちょうど朝起きがけの時、夢意識状態で、夢の感じが漠然と留まっているように、生後二、三歳から五、六歳までは、なんとなく前世の名残や記憶が留まっています。けれども、少しずつこの世の現実に意識と関心が向いていくにつれて、前世の記憶は遠のいていきます。

では、母胎にいる時は前世の記憶を持っているのでしょうか。母胎に宿った時は、前世を思い出し始めています。特に、両親となる魂たちとの関わりを回想し、これから生まれてどんな生涯を送ることになるか、その計画についても自分の中で思い巡らしています。

前世につながる記憶回路

前世を思い出せない理由は、肉体の意識に支配され、この世に意識を向けて暮らしているからです。そのために、前世や霊界での記憶は遠のいてしまいます。人生のたびごとに肉体が失われるので、今の肉体では前世を記憶し続けることは難しいのですが、まれに肉体からマナ識、さらに、アーラヤ識としてのカラーナ体に対応する前世の記憶までの回路を持っている人が、前世を思い出します。

しかし、多くは肉体の意識からカラーナのアーラヤ識までの回路ができていないため、今世の記憶は取り出せても、もっと奥にある前世の記憶までは取り出すことができません。


その記憶を取り出せるようになるためには、意識間のブロックを溶かしたり、外す作業を行なう必要があります。瞑想をしたり、集中して、あたかも殻に錐《きり》で穴をあけるような行《ぎょう》をしたり、あるいは神とも呼ばれてきた大いなる存在に自らを献身し、自分の枠を溶かしていくことを行なったり。自分の信条やつまらないプライド、囚われなどから脱却して自分を見つめていき、自分を受け入れていくような作業を通して、前世の記憶を取り出す回路を創造し、前世の記憶が想起できるようになります。

さらにはチャクラを覚醒させることで、前世が自覚されてきます。特に、アジナー・チャクラが覚醒すると超意識が目覚め、前世を思い出せるようになります。人は、霊的になるほどに前世を思い出していきます。加えて、今世の現実にしっかりと向き合うことも、前世を正しく認識していく大切な要素です。

アカシックレコードに到達し、セルフ・リーディングを行なうことも前世を思い出す方法です。アカシックレコードに触れると、前世であったこと、今世はやがて前世となり、来世が今世になってくる実感を得ます。

他には、音楽を聴いて心身をリラックスさせる方法もあります。また、信頼できる優れた能力者からリーディング、あるいは催眠を受けることも、きっかけになります。

生まれ変わりの中では、必ず前世と今世との対応が見られます。性格、気質、体質、能力、仕事、そのやり方、生き方、課題、運命、環境、境遇、土地、その人の傾向、容姿容貌、嗜好《しこう》性、好み、程度、規模…など、それぞれが前世のその人と今世のその人との間の繋がりや、つり合うことがみつかります。人は、使命を生きる中で前世を、また課題の中にカルマを、自覚させられていきます。

前世は、有名人？

前世誰であったかということを話題にすると、ときどき歴史上の有名人の転生かどうかという話になります。「自分は歴史上の誰それの生まれ変わりだ」あるいは「誰それさんは歴史上名高いあの○○○の生まれ変わりだ」などというものです。そのようなことは、はたして起きているのでしょうか。大半は、違う場合が多いようです。有名人だった人を自分の前世とみなす、これは安易な感があります。誇大妄想に近く、飛躍し過ぎですが、全部が全部間違っているということではなく、稀には正しく、本当の場合もあるようです。自分の前世が歴史上に名が残っている著名な人物であったということは、可能性は低くても、絶対ないとは言えません。その真偽を判定する、いくつかのチェックポイントがあります。いまその人が何をしつつあるのか、周りとどのような関わりをもち、どの位実際役立っているのかどうか。今後どのようになっていくのかどうか。どういった心がけで今を生きているのかということが、見極めていく最も大切なポイントになります。

そして、なによりも重要なことは、歴史上有名であった人物を自分の前世に持っているかどうかということではない、ということです。それが人間の価値や自分の素晴らしさを証明するわけではないからです。

名前の意味、土地の縁

この世に生まれてくる時は、名前を授かって出てきます。その名前は、新しい生まれ変わりの人生で、使命や役目、その人の持つ特質と見合う場合が多いものです。生まれ変わりの中での氏名近似です。あなたの名前が持つ意味を、改めて見直してみてください。

たとえばイエスの前世を見てみると、モーセの後継者ヨシュアが前世の一つにあります。そしてイエスとはヨシュアのギリシャ名です。このようにイエスは、前世の時と同じ名前になりました。

また人は、土地とも密接な縁があります。前世と同じような所に住むようになったり、前世と所縁《ゆかり》のある所で生まれ変わってきたり、あるいは、仕事でその土地に頻繁に行くようになってうまくいったり、あるいは、マイナスのカルマがある所でひどい目に遭ったり、そこで行なった仕事がうまくいかなかったりします。しかし、それでカルマを果たし、そのカルマから自由にもなれます。そこからただ逃げるのではなく、起きてくる事を受け入れ、精一杯果たしていくことが必要です。国内、海外を問わず、土地とのご縁というのは、生まれ変わりの中での一つのキーポイントになります。

ただの旅行の場合でも、何か意味がある場合があります。初めてなのにとても懐《なつ》かしく感じたり、むしょうに惹かれたり、前世を思い出すきっかけになることが多くあります。今世ご縁のできる土地が、前世ですべて関わりがあったとまでは言えませんが、土地はやはり、前世との関わりが強く現れるもののひとつです。

第5章

前世の人間関係が教えてくれること

ソウルメイトとツインソウル

ソウルメイトは魂の伴侶・夫婦のこと、ツインソウルとは双子の魂を意味しています。さらに、魂の仲間としてのソウルコンパニオンがいます。

夫婦関係とひとことで言っても、そのあり方は本当にさまざまです。形態上は夫婦という同じ形をとっていても、どうしてその関係や内容がそれぞれ大きく異なっているのでしょうか。性格やタイプ、あるいは相性の違い、これまでの経歴や価値観の違い、あるいは未熟さ、ライフスタイルの違いなど、理由はたくさん見つけることができます。確かに、生まれ育ちや成長のレベル、あるいは相性の良し悪しなどは、二人の関係を作る大きな要因です。

しかし、それだけでは推し量れない何かの部分は、前世の内容と生まれ変わってきたルーツを見ると、腑《ふ》に落ちることがあります。

夫婦関係は、四つに分類することができます。

まず一つ目のツインソウルは、神様と呼ばれている源のところで本来は一つであった生命体が、磁極にたとえるとプラスの面、マイナスの面の二つに分かれ、それぞれが男と女となって、この地球上に顕現し、物質的形態をとった関係です。神様のもとで本来は一つだったツインソウルの二人は、無垢の関係にあり、夫婦となった場合は一心同体として暮らしていくことができます。

もっとも有名なツインソウルの例は、アダムとエバでしょう。聖書の中の創世記に書かれたアダムからエバが創られた経緯から、二人が確かに、ツインソウルの関係であったということがわかります。この人類最初の夫婦であり原型となった夫婦は、最終的に、イエスとその母マリアという親子として登場しました。そして、十字架上で向き合いながら、エデンの楽園で禁断の木の実を食べてしまった根源的カルマを贖《あがな》い、それが、全人類に及んでいくこととなります。

エバは、食べてはならないと言われていた木の実を、パートナーのアダムにも勧めて食べさせてしまったために、マリアとなって、十字架上でも死ぬほどの悲しみと苦しみを体験することとなったのです。しかし、それでこのカルマは果たされ、救われました。それ以前に、ツインソウルであり、同時に神の子でもあるイエスを受胎し、自らの産道を通して出産して育て上げるという祝福に預かることで、彼女は癒され、最終的には十字架上でカルマが尽くされたのです。

このように、ツインソウルという、最も理想的な夫婦関係でも、カルマがないとは言えません。けれども、たとえカルマが後天的に創られた場合でも、それを互いに解消し合う素晴らしい機会が与えられるというよい実例です。

次に、ソウルメイトの関係を見てみましょう。これは、順縁の関係で、前世で何回も何回も生まれ変わりながら、夫婦として生きてきた関係です。そのため、生まれながらの夫婦であり、とても仲が良いのが特徴です。周りから見ても非常に微笑ましく、周囲の人たちに平和と調和をもたらせます。どちらかの生まれてきた目的が果たされて今世を終えると、もう一人に特別のカルマが残されていない限り、時を違《たが》えずに、もう一人も後を追うように他界する例が多いのも、このソウルメイトの夫婦です。けれども、ソウルメイトの夫婦であっても、二人だけの世界に入り過ぎ、それをただ楽しみ、福徳を享受《きょうじゅ》するだけでは限界があります。このすばらしい愛の関係が、周りに及ばず、二人だけで終えやすいというのが課題になります。ソウルメイトの夫婦は、他の人たちにも同様の愛を及ぼせるように周りに目を向け、自分たちの愛を広げていくことが必要です。

三つ目は、カルマで結ばれた夫婦です。この関係が最も多く、さまざまなカルマを縁として、今世も夫婦になります。お互いにカルマを果たし合い、愛情を感じながらも人間的なものを共に体験しながら、夫婦となった目的を遂げていく関係です。

そして四つ目は、逆縁による夫婦です。前世で必ずしも夫婦であったわけではなく、むしろ、前世では敵《かたき》であった者と夫婦という形で結ばれるという関係です。この夫婦は、この世の法的関係では夫婦の形をとっていても、前世の敵同士のカルマを果たし合う目的で今世夫婦となったので、常識では考えられないようなことが二人の間で繰り広げられます。時には、殺し合うようなことも起きてきます。夫婦のそれぞれに、人間として問題がある場合ばかりではなく、普段は普通の生活をして、人間的にも社会的にも問題がなくてむしろいい人にもかかわらず、配偶者と向かい合うと、別人のように違ってしまうのが特徴です。それは、その人の人間としての問題というより、カルマが相手との間にあるので、その特定の相手とだけはどうしてもそうなってしまうのです。しかしこの逆縁の関係であっても、独りよがりではなく、本当に相手のためにひたすら尽くすように努力し続け、良かれと思って行なったことが裏目に出たり逆効果になっても諦めず、くじけることなく、嘆かず、工夫し配慮し、調整し、相手に心から尽くし続けることで、やがてカルマも果たされ、お互いに自由になっていくことができます。

また、四つ目の別のケースとして、一時的な繋《つな》がりという夫婦があります。表面的な部分だけ、この世だけの繋がりのため、刹那的になりやすく、肉欲だけで繋がったり、お金や物だけ、あるいは何かの利得が目的で繋がり合っているような関係なので、争いも多くなりがちです。同棲を始めてそのまま結婚するとか、お金か地位など、この世の何かを目的として結ばれた場合などの関係です。最近では、「できちゃった婚」なども、違う場合もありますが、多くはこの繋がりです。この関係は別れるケースが多く、離婚率が高まっている理由も、前世に根を張らずに、この世の表面的な所だけの結びつきの夫婦が増えたためとも考えられます。このような二人は、前世でも夫婦であったことはほとんどなく、行きすがりの相手とそのまま結ばれたケースです。虚無的傾向を帯びやすく、真に満たされることがありません。

それに対してソウルメイト、ツインソウルは、本質のところでの繋がりが確かにあり、外見的、表面的なこの世での好みや相性や、単に惹かれるということを超えて、この世や肉体のレベルから自由な関係です。不倫の相手がソウルメイトであったり、片思いの相手がツインソウルである可能性は、非常に低くなります。

しかし、どの夫婦もすべて、相手を心から思いやり、精一杯本務を果たしていけば、解けないカルマはありません。もとは神様のところでお互いに結ばれていたとも言えるので、どのような経緯や内容である夫婦でも、大いなる存在を実感しつつ、相手を思い、一生懸命関係を創っていくことで、理想的な夫婦になっていくことができます。

前世は、どんな繋がりだったのか

◇両親

家系の中での生まれ変わりには、次のようなものが見受けられます。早くに他界した我が子が、数年後に再び我が子として転生してきたり、甥や姪、あるいは孫として生まれてきたりします。

日本を始めとしてアジアの農耕社会では、家系の中での生まれ変わりが他の地域に比べて多く見受けられます。この百年、二百年で大きく様変わりしたものの、長い間、日本人は農耕民族で、家単位で土地に定住して暮らすライフスタイルをとってきました。そのため、今でも家庭の中での生まれ変わりは多く、太平洋戦争の戦死者のほとんどはすでに生まれ変わってきていて、それが第一次ベビーブームを起こしました。

家系の中で生まれ変わる場合、一番多いのは五代前、百年から百五十年前ぐらいの先祖が転生してくるケースです。それは、生まれ変わりのサイクルとも合っています。それ以上先祖を溯《さかのぼ》るとあまり繋がりがなく、影響も受けません。霊障や守護霊なども、五代前ぐらいの方が多いのです。でも、いつでも五代前からの家系の中で生まれ変わりは起きる、というほどには定まっていません。早いケースでは、おじいちゃん、あるいはおばあちゃんが生まれ変わってきます。前世で自分の子供だった魂が、今世では孫として生まれ変わってくることも見受けられます。前世で親子であった者が、今世でも親子になるとは限りません。たとえば、長女が早くに他界し、三女としてすぐ転生してくることもあります。

人は繋がりで生まれ変わり、このことをグループ転生と呼んでいます。これは大まかな傾向で、いつもそのグループがいっしょに生まれ変わるというわけではありません。ただし、親子というのはもっとも強い繋がりになります。前世でもかなり縁の深い人が、今世でも親になったり、あるいは子として生まれてきたりするのは事実です。

前世ですごく仲の良かった夫婦が、今世では親子となる場合もあります。あるいは前世で大いに協力し合った親子が、今世でも再び親子として転生する場合もあります。あるいは、前世で父と娘であった二人が、今世では母と息子となって、親子の関係が逆転する場合もあります。

親子が夫婦になり、夫婦が親子になって今世生まれるというのは、しばしば見受けられるケースです。また、夫婦は夫婦、親子は親子として、同じ関係になることも多く起こります。

前世では夫婦であった二人が、今世では兄と妹、姉と弟、という兄弟姉妹の関係になって生まれることもあります。この場合は、前世の関係や感情の動きが今世に反映してくることもあって、世間の常識だけでは割り切れない何かを前世が教えてくれます。

前世と転生を理解すると、状況や環境を受け入れられ、楽になり癒されます。その上で努力し、調整、改善し、向上を図ることができるようになります。前世を知るということは、現在の状況を認め、受け入れることを意味しています。決して前世やカルマのせいにして、課題から逃げたりごまかしたりして、解決しないことではありません。「前世がこうだったから。カルマがあるから。だからこうなんだ。どうしようもないし、無理なんだ」という言い訳や逃げ口上《こうじょう》に、前世やカルマを使ってはなりません。

前世やカルマを知るということは、前向きに生きていくことです。「なぜこうなんだろう、どうしてこうなっちゃうんだろう」という煩悶《はんもん》や苦痛から、自由になることができるからです。

◇兄弟姉妹

兄弟姉妹は、親子や夫婦ほどには繋がりが強くありません。最も縁が強い者同士は、親子、そして夫婦となります。しかし稀に、非常に縁の強い者たちが、兄弟、あるいは姉妹となって生まれる場合もあります。前世の兄弟姉妹が、今世も兄弟姉妹になることは多く、今世は三度目の姉妹関係という人もいました。また友人や従兄弟《いとこ》が、今世では兄弟姉妹になることもあります。

前世で何度か兄弟姉妹を続けていて、今世でも兄弟姉妹の場合、とてもその関係が自然で、板についています。それに対して、これまでの前世では兄弟姉妹であったことがない場合は、他人行儀で、成人すると離れて別々に生活していくようになります。

また、前世からずっと兄弟姉妹や親子だった場合は、今世でも、外見や性格が似通っています。親子でも、非常に似た親子と、性格的にも容姿容貌もほとんど似ていない親子がいます。遺伝学からも、それぞれ説明がつけられるでしょうが、前世を見るともっとよくわかります。外面的にも内面的にも似ている親子は、前世でも親子や血縁者であった場合が多く、あまり似ていない親子は、前世では夫婦だったり、まったく他人だったり、友人や仕事仲間、あるいは師弟関係だったりすることが多いようです。

◇夫婦

スウェーデンボルグ[注①]は次のように述べています。

「この地上における至上の愛は、夫婦の愛である。どんな悪者でも、我が子のことは愛せるが、配偶者のことを愛するのは難しい」と。

親子は自分の延長のような関係で、両親のことを愛するよりも我が子を愛するということは自然であり、本能に根ざしているため、比較的たやすくできます。それに対して、夫婦というのは元は他人です。したがって、どんな問題のある人でも我が子を愛することはできますが、どんなに愛情深い人でも、本当の意味で配偶者を愛することは困難なものです。それだけに夫婦の愛は尊く、愛することは意味のあることになります。世間でも、我が子のことは溺愛《できあい》しても、夫婦関係がうまくいっていないと言う話をよく耳にします。あるいは、夫婦仲は良くても他人には無関心という、狭い限られた愛しか持てない人たちも多くいます。

生まれ変わりの目的は、愛の成長進化にこそあります。身近な人たちとうまくいくようになって、本当に心が通い合うようになること。そのために、人は家庭を作ります。なぜ、身内は似ているのでしょうか。遺伝の法則は、一つの説明にすぎません。遺伝の法則を使って、神が似た者同士を集め、その中で相手を通して自分に向き合い、真の意味で自分を愛すること、受け入れることを学ぶ機会、それが家庭なのです。似ている者ほど嫌だ、と人は感じます。その典型が、親子や兄弟姉妹です。相手の問題や相性ではなく、本人の課題として捉え、自分を見つめる機会が家庭です。自分を認め、受け入れ、愛せるようになれば、自分と似た外見や癖、態度をとる親子や兄弟姉妹のことでも受け入れられ、うまくやっていけるようになります。

兄弟姉妹は、社会的関係の原型です。そして夫婦は、さらにそれが集約された関係です。夫婦でも似ている場合、前世で親子や兄弟だった可能性があります。親子、兄弟姉妹でも、似ていない場合、前世で夫婦だったり、友人だった可能性があります。

◇親戚（姪、甥、叔母、叔父、従兄弟など）

稀に、非常に縁の強い親戚の人もいることがあります。その場合は、ただの従兄弟や姪、甥、叔父、叔母といった一般的関係を超えて、前世で兄弟姉妹であったり、時に実の親子であったりします。

また、義理の父と息子との関係にあった二人が、今世では逆転し、義理の父であった者が自分の実の息子に生まれ変わり、自分はその実の父親として生まれるケースや、叔母が姪となって、すぐ生まれ変わることもあります。また、前世での実の娘が、息子の嫁として生まれ変わって家に入ってくる時は、息子のお嫁さんだけれども、お互いにすぐなじめて、なんとなくその家族に似ている場合が多いようです。

人間的にどの程度成長していたり、性格がどうかということが、親族関係においてうまくいくかどうか決まるのは当然です。しかし、それだけでは割り切れない何かがあり、ある事に関してだけ難しかったり苦手だったり、意識してしまうという時は、単に、相性とかその人の性格とか、成長レベルということだけではなく、前世に何かカルマ的なものがある場合が多くなります。世間ではこのようなことを、まったくといってよい程考慮しないし、理解したり認めようともしません。ただ常識論をそこに当てはめて、「非常識だ」「なってない」「けしからん」と判断したり裁いたり、力づくで直させようと躍起になり、かえってこじらせてしまいます。「前世こうであったから」「カルマがあるから」ということが、理由づけや正当化の材料になってはいけませんが、まず、真実をありのままに知ることが第一歩です。

相手を正しく理解し、状況の奥を洞察し、受け止められれば、それだけでも大分楽になります。たとえば、前世でお母さんであった者が今世でもお母さんとして生まれ変わり、今世でのお母さんのお兄さん（叔父）が、前世では実のお父さんだった場合、今世の関係としては叔父さんですが、前世では実のお父さんだったので、とても仲良く、親しみを感じる親戚の人になるわけです。

日本では、いまでも家単位で生まれ変わり、関係性を多少変えながらも家を軸にして、学びと愛の成長―ONEの愛―をめざすレッスンが続いています。そして、生まれ変わりはカルマに基づくばかりではなく、恵みの法則が働いていて、人生は、まぎれもなく神からの贈り物であるということを学んでいます。

◇恋愛関係（恋人あるいは愛人など）

恋人とか愛人というのは、あまり報われない愛のケースです。一般に期待されているほどには、その関係は強くありません。一時的、表面的な憧《あこが》れや好みを基《もと》に動いています。前世からの縁もあまりありません。縁のある人、繋がりのある人と匂わせるような相手だったり、自分のまだ未処理の感情を誘発するような相手です。ないものねだりで自分が動いたり、相手が動いたりする場合が多くなります。でも、もちろん稀に、恋人、あるいは愛人などでも、前世で強い繋がりがあった場合もあります。

前世でも報われず、今世でも報われない、という関係もあります。たとえば、前世で恋人同士が親の反対で結婚できず、死んでからも霊界で、悲しみに沈み、それが囚われとなって、今世では兄と妹として生まれ変わる。そして年頃になって、また、兄に憧れ、惹《ひ》かれ、自分もそれで病気になってしまう。今世でも別の関係にせよ兄妹という報われない恋になってしまう。そのようなパターンも、生まれ変わりの中で起きました。

恋人や愛人の関係は、自分の感情で癒されていない部分、あるいは満たされていない部分が出てきたり、もっと純粋な場合、今世ではそれ以上は関わりがないまま、保留にされるということもあります。

◇親友・友人

友人は、前世で兄弟姉妹の場合が多いのです。あるいは、前世でも同じく、多少位置関係を変えながら友人、特に親友であったということもあります。また稀《まれ》に、前世で親子だった者同士が、今世では親友になることもあります。前世での仕事仲間が、今世では友人になることもあります。また格別な友人の場合は、前世で夫婦であったということもたまにあります。

◇師弟関係

師弟関係は、使命にも関連してきます。前世で親子だったり、夫婦だった者同士が、師弟関係として生まれ変わる時があります。また弟子同志の関係も、前世で親密であった場合が多いものです。

稀に、親子や夫婦関係以上に師弟関係が緊密な場合もあり、前世でも同じく師弟関係だったこともよくあります。しかし稀に、師弟関係が逆転して、今回は師匠が弟子に、弟子が師匠になる生まれ変わりも見られます。

前世、使命、カルマは関連しています。カルマを果たし、さらにはそのカルマを超えるために生まれ変わってくるのが人間ですが、カルマを果たすために、その人のやり甲斐とか適性を神様が見て、使命をあてがってくださる。その使命を通してカルマが果たされるように計らってくださっているという関係が、師弟です。

使命とカルマは、表と裏との関係です。その人がどんなタイプなのかは、前世で行なったカルマに応じます。そのカルマを果たし、その人が生かされるために、人は役目をいただいて生まれ変わるのです。

◇**仕事関係**

それほど強くない関係です。しかし時として、周りの人も本人たち同士も、格別だと感じる仕事上での人間関係が見受けられます。単に相性がいいとか、性格が合うことだけでは片付けられない何かが残る場合です。もちろん、ただ相性が良かったり、今世初めて出会ってもうまくいく場合もあるのですが、それだけではないものが根底に働いている時は、前世に根拠があることがあります。

その関係は、生まれてくる時にお互いに約束して、職場で出会います。その職場自体にも非常に意味があり、今世の目的や使命と大きく関わっていると考えられます。

前世で兄弟姉妹だった者たちが、職場で非常に協力し合える間柄になることもあります。また前世で師弟関係だった者が、会社の上司と部下になることもあります。前世で仕事仲間だった者が、今世で会社の同僚となることはたくさんあります。また前世では直接のご縁がなく、知り合いではなくても、郷里、出身地で土地の繋がりがあったり、経歴や霊的レベルなどがちょうどつり合う場合、あるいは、目的や趣味、興味、課題などが合致した時などは、新たな縁として、上司と部下になったり、同僚同士になります。

前世で直接繋がりがなかった場合でも、互いに相似通うものを持っていると、それを共通項やそれが接点として、新しい関わりを生じ、仕事上で学び、協力し合う。あるいは、それぞれのカルマを解消する機会をそんな形で与えられるということがあります。

また、転生と職業の関係を見ると、前世の職業と今世の職業は似ている場合が多いのですが、必ずしも同じ職業とは限りません。ただ、仕事のやり方、持っている才能、あるいは出てくる課題、体験していくことは、似通ったものとなるのは確かです。また、その程度や規模も、前世の時と対応し、つり合っている場合が多いのです。

◇グループ（団体、サークル、同好会など）

趣味のレベルと、もっとそれ以上の理想に向かっての目的追究というレベルには、大きな差があります。グループ転生が見受けられる時は、互いに学び合い、研鑽《けんさん》し、励み合うために集まる場合がほとんどです。師弟関係や、前世で身内であった者たちです。

しかし、趣味程度のサークルや同好会の場合は、似たようなものを持っていれば、特に前世で直接知り合いでなくても、そこでご縁が生じ、一つの場での新たな出会いや関わりが始まります。ただ、前世から縁がある方が長続きするし、お互いにわかりあえるということはあります。

第6章 魂の成長は、止まらない

ツインソウルの特徴

ツインソウルは、同じ時代にいつでも一緒に生まれ変わるわけではありません。しかし、同時代に生まれ変わってきたツインソウルの多くには、出会いが起きます。そして出会った以上は、そこに特別な関係が生まれます。ツインソウルというのは本質の繋がりで、肉体やこの世に属することではないので、恋人や愛人になることはほとんどありません。稀に、恋人だけで終わることもありますが、その時は非常に精神的で美しい恋の関係になります。

また、ツインソウルが愛人になることはほとんどありませんが、万一愛人となってもそれで終わらず、本当の夫婦のような関係、あるいは文字通りの夫婦に発展していきます。愛人のままツインソウルが終わる場合があったとしても、非常に清らかで美しく微笑《ほほえ》ましい関係になります。ツインソウルやソウルメイトの特徴や見分け方は、周りに傷つく人や泣く人を出さないことです。たとえ二人の間で非常に求め合い、恋し合ったとしても、周りに、それによって泣く人や辛《つら》い思いをする人をつくりません。もし、他の関係が二人によって破綻することがあった場合は、その二人の関係には悪が孕《はら》んでいて、独りよがりで狭い限られた愛となるので、自然の摂理に反し、本質上での関わりではなくなります。

同時代に生まれ変わらない時は、ツインソウルの片方が霊界に留まり、生まれ変わった片割れに対して、守護霊、あるいは守護天使のような役目を果たします。この世とあの世とで両サイドから、それぞれ協力し合う素晴らしい関係で進んでいきます。本人たちがそれを自覚するとしないとにかかわらず、自然とそうなります。

ツインソウルを見つけるポイント

ツインソウルは、別々の人間ではなくもともと一人であり、自分の一部です。したがって別の身体を持っていても、自分の一部のように感じられます。それでいて対照的なのが特徴です。もともと自分だったので、根本のところで同質性のものを互いに持っています。一つの生命がその磁極、磁性によって肉体を帯びた時、男と女として生まれたので、プラスとマイナスのように共通した上で対照的である、という関係です。その対象性の違いによって、互いに惹かれ合い、補い合い、助け合うようになります。ツインソウルと向き合っていると、自分自身のようで不思議な感覚が生じます。それは、単なる思い込みや主観的なものではなく、周りもそう感じています。そしてその二人の関係は、周りにとって迷惑なものになることはなく、祝福となります。自然で無理がない関係のため、周りを乱さず、犠牲になる人を出しません。

ツインソウルの関係は、この世の摂理や体制にも対応します。したがって報われない恋になることはないし、ほとんどの場合、縁ができた以上この世的な形の上でも長続きします。そして、周りからも社会的にも是認される場合がほとんどです。美しいけれども儚《はかな》い恋のような関係になることは、めったにありません。まして、ドロドロした人間的でカルミックな泥仕合《どろじあい》になることはなく、二人だけの世界で甘美なムードに酔いしれ、周りから遊離したような関係に陥ることもありません。神から認められ、周りからも祝福される関係です。

ツインソウルが一番多いのは、親子の関係です。あなたが息子なら、母親とツインソウルかもしれません。あなたが娘なら、お父さんとツインソウルかもしれません。また自分の子供とツインソウルで生まれる場合は、仮に子どもが五人いたとすると、母親なら長男に、父親なら長女に生まれて来やすくなります。

上の方の子ども、つまり先に生まれた子どもたちほど親との繋がりが強く、家のカルマの影響下で生まれ変わってきた確率が高くなります。それに対して末の子ほど、あまり家のカルマは強くなく、親との繋がりからも比較的自由で、生まれた土地や家系の因縁というよりも、自分個人のカルマや使命、あるいは関心事で、その家系を利用して転生してきた場合が多いのです。もちろん子どもとして生まれたからには、何らかの繋がりが、その家や家族、あるいは土地とあるのですが、家のカルマや土地のカルマよりも、個人のカルマで生まれ変わって来た確率が高いということです。したがって、ツインソウルが親子の場合は、長男、長女として生まれてきます。もちろん稀には、末の方の子どもで生まれることもありますが、多くはありません。

次にツインソウルが多いのは、夫婦です。ちなみに、世の中の夫婦の二十組のうちの一組ぐらいはソウルメイトです。それに対して、ツインソウルの夫婦は、三百組に一組あるかどうかです。ただしソウルメイトにもレベルがあり、ソウルメイトとして理想的な夫婦は、数十組に一組あるかないかが実状です。

どちらの関係も大切なことは次の点です。それは、今の関係を大切にするということ。ソウルメイトやツインソウル探しが流行ることは悪いことではありませんが、いまの関係を破るようなことをしてはいけません。また、表面的なところで惹かれるものや、カルマ的なものが動くのがソウルメイトやツインソウルではありません。いまの関係がうまくってないから、あるいは不満だから、ソウルメイトを別に探すというのは本末転倒です。ソウルメイトであろうとなかろうと、今の関係が今世基本で、神様から与えられたものであり、また自分でも選んだのですから、いまの関係を大事にし、全うすることが最優先です。その上で、有意義なソウルメイトやツインソウルを見出して、その関係性を、友人や学び仲間、あるいは先生として、弟子として、家族として、それ相応に関わっていくことです。いまのあり方がベースにあり、それを受け入れ、そこで課題を解決し、そしてより良い関係にし、カルマを果たしていくのです。

すべての人がソウルメイト

ツインソウルは、永続的で安定していて、非常に根本の繋がりで落ち着けるというのが特徴です。そして、成長し続け、周りに役立っていきます。

その他にも、使命上に関わる重要な仕事や役目において、欠かせない役目を果たすパートナーとして、ツインソウルが現われる時もあります。その時は、使命の重要な役目を担い合い、同一使命を互いに全うしていきます。ツインソウルは、もともと自分の一部なので、同一の理想を持っていますが、すぐにその自覚が生じるとは限りません。

ソウルメイト、あるいはツインソウルであるかどうかということよりも、今の関係が重要です。必要性や理由があって、いまのあり方になっているので、それをベースに考え、取り組んでいく必要があります。

ツインソウルは一人しかいません。それに対してソウルメイトは一人とは限らず、二、三人、複数いる時もあります。人は、何回も生まれ変わってきているからです。仮に、ソウルメイトが二、三人同時に現われてもおかしくはありません。トリプルソウルという概念もあるほどです。さらに言えば、ＯＮＥの愛をめざすのが生まれ変わりである以上、「自分のソウルメイトは六十二億人だ」という捉え方ができます。人類すべて同朋である。人間ばかりでなく、生きとし生ける万物が、いわゆる無機物と言われているものも含めて、同朋である。すなわちソウルメイトである、と人々が考えるようになることがめざすところです。それが広義《こうぎ》のソウルメイトです。狭義《きょうぎ》のソウルメイトにあまりにこだわり過ぎてはいけません。

たとえば、夫婦仲がうまくいかず、問題がある場合、あるいは気に入らなかったり仲がよくない場合、ソウルメイトではなかったと判明したら別れるのでしょうか。それは、成長とは違う方向です。ソウルメイトではないのならなおさら、ご縁をいただいた相手とともに課題をクリアし、互いのカルマを誠意をもって果たし合い、本当の愛を創り上げていくことが、今世、その縁を通して求められています。

ツインソウルの場合、親子でも夫婦でも、あるいは師弟関係、仕事上での重要なパートナー、あるいは親友として生まれた場合でも、ほとんど二十年三十年、五十年と、今世において親密で格別な関係が続いていきます。

自分を見つめる

転生とカルマの原理をよく学んで、自分自身に当てはめ、具体的に認識し受け止めて、自分に言い聞かせながら生きているうちに、トラウマを解消していきます。そんな風に自分を振り返り、見つめる機会をつくる方法として、ジャーナルが役に立ちます。ジャーナルとは、夢を記録して見つめたり、内省して自分を感じたり、これまでの人生を振り返って、主だった出来事を記述して整理したりすることをいいます。

前世を思い出す方法としてもジャーナルは有効で、その他、瞑想、催眠、夢観察や、きちんと読める人から前世に関するリーディング、チャネリングなどを受ける方法もあります。

また、自分の嗜好性、好みなどを見ていくことも参考になります。食べ物、衣装、ヘアスタイル、ライフスタイル、職業とそのやり方、それらも前世の体験を表わしています。

また旅行に行った時などに、ご縁のある土地に改めて赴くと、デ・ジャ・ヴュ（既視《きし》感）を感じたりして、前世を思い出すこともあります。そこでもカルマが解消していき、前世の良い部分が働き始めて、今世生まれてきた目的が遂げられる方向に向かい始めます。

前世に関心を持つのは、前向きの人たちです。ある意味で、人は前世の自分の責任を果たすために生まれ変わってきます。それが、カルマです。考えられているより、前世とは現実で、実際的なことなのです。

なぜ生まれ変わってきたのか、そしていま、何をするために生きているのか、どうしたらうまくいくのか、留意点はどのようなところにあるのか。そのようなことを前世を参考にして汲《く》み取り、今後生きていく手立てとすることができます。その結果、展望も明確になり、希望が感じられるようになります。またご縁が大事に思われ、大切にしていくようになり、囚われもなくなってきて、気が楽になり、自然体で生きられるようになります。

来世のために、いまできること

生まれ変わりの法則とカルマの原理は、心の大切さを教えてくれます。自分を真の意味において愛し、受け入れ、他を思いやり、本当の愛を育てていくこと。自分の課題をクリアし、状況や起きてくる事に進んで責任を取っていく人になることを、教えてくれていま す。この世のことや物、お金もそれなりに大事ですが、心がもっと大切であるということを学びます。なぜなら、生命と心を大切にしあい、愛を完成させ、霊的に進化するために、自分が転生してきているとわかるからです。

カルマは、単なる機械的な因果律ではありません。本来心を育て上げる導きとしての手段です。ただカルマが働いているわけではありません。カルマには温かい意図と、深い意味が込められています。人は霊的に成長し、前世を正し、自分の苦手なこと、すなわちカルマをクリアするために生まれてきています。そのために、お互いにそのことを理解し、思いやり、サポートしあい、時に赦《ゆる》しあっています。

前世を参考にしながら今世に取り組めれば、確実に人は成長します。その意味で、いまの自分はテキストです。多くの人たちは、囚われに落ちたまま、前世やカルマへの自覚がないために、前世と同じことを無意識にくり返していて、それで自由だと思っています。それは自由などではなく、ただ自分のカルマや、自分の好き嫌いに動かされているにすぎません。そういう枠を自覚し、その枠を脱却して本来の自分に立ち返り、天のふるさとに還り着いて、創造主と一つになる状態に立ち戻るために、私たちは何度も転生してきているのです。

転生し、体験学習を人生の中で重ねながら浄化され、貴重な教訓を学び取って成長を遂げていくこの重要な機会を無駄にせず、いま行なうべきことを精一杯果たしていきましょう。人事を尽くして天命を待つ、という心境で。そしてその結果をよく検討し、学び取り、改善して、また励んでいきます。あまり囚われることなく、バランスを取って他を思いやり、労《いた》わりつつ優しく生きることを意図してください。

自分の中で、「こうするといいと思う」という内なる声が誰の中にも聞こえています。

それに従って生き、様子を見るのです。周りの人たちの成長と幸せをもサポートしていける人をめざしましょう。自分のことしか考えられないという人たちも確かにいますが、できる範囲で精一杯、いま為すべきことをこなしていきましょう。転生とカルマを知ることによって楽になり、感謝と喜びが湧いてきて、思いやりの人になり、本当の自分になっていきます。為すべき務めをすべて為し終え、あるべき姿の自分となり、すべてを赦して手放した時、この地上から離脱していきます。かつてブッダが菩提樹《ぼだい》のもとで悟りを開かれた時、「為すべきことは全て為し終えた、もはや生まれ変わることはないであろう」との確信を得たように。

地球学校の偏差値が上がる

ヨハネ黙示録[注①]の中に、「もはや二度と出て行くことはない」という箇所があります。これは生まれ変わりを脱却する、転生を終了させることを意味している、とも読み取れます。

誰でも前世があり、今世初めてという人は一人もいません。しかし、ここからは二つの道に分かれます。引き続き生まれ変わる人と、今世が最後の転生となる人です。ヒンドゥー教や仏教などでは、それを解脱と呼んでいます。いわば地球学校の卒業です。それは至難の業であり、聖者にならない限り無理、カルマからの解脱は特別な人にしか起こらない、男性しかそれを成し得ない、女性は最終的に男性に生まれ変わって解脱する、などと説いている経典もあります。けれどそれは、その経典が編纂《へんさん》された時代と、社会的背景の制約が反映されてのことです。

確かに、今世を最後の転生にするのは難しいことですが、ヒンドゥー教や仏教で説かれている程ではありません。数十人に一人ぐらいずつ、平均すると七十人に一人位の率になるでしょうか。

しかし今世で転生は終わっても、霊界での修行は続き、転生完了イコール人間完成ではありません。霊界に行っても成長を続け、周りをサポートすることが待ち受けています。また、高いレベルまで行っても再び自由意志で転生し、今世で最後とならない人もいるので、霊的なレベルや清まり度合いは、一概に、今世で生まれ変わりが終わりかどうかだけでは決められません。

さらに、次のようなことも言えます。いずれ転生を通して進化した者たちが、この世に地上天国を創造する時がやって来ます。聖書の中のヨハネ黙示録には、新天新地の到来が最後に出てきます。この世は、これから良い方向へ向かっていきます。したがって、あまりつまらないことばかりしていると、この後、地球に人間として生まれ変わりにくくなります。地球学校の偏差値が上がるからです。地球学校に入学する――つまり、人間として転生してくる――ことがこれまでより難しくなります。霊的に高度の進化を遂げた人たち――といっても普通の人たちですが――が、この地球に地上天国を建設していくこととなり、この地球がそのまま素晴らしい世界になっていきます。この神の国は、あと二百五十年もすると到来しそうであり、地球は、すでにそこへ向かい始めています。

そういう意味では、今世で最後にするということにこだわる必要はまったくありません。そして、それは誰か他の人と比較することでもありません。焦る必要はなく、これまでも何十回も生まれ変わってきたのですから、これからもゆったりと自分のペースで愉しく取り組んでいきましょう。

人生は、天からの贈り物

一般的に見た場合、この世的で人間的な人ほど生まれ変わって来た回数が多く、霊的な人ほど、これまでの生まれ変わり回数は少ない傾向があります。しかしこれも、一概には言えません。

生まれ変わって来た回数が、七十回とか百回などと多い人ほど世故《せこ》に長《た》けていて、人間世界に興味があり、世俗的な場合が多く、それに対して、転生回数が少ない人ほどこの世に慣れておらず、また霊的でピュアな人が多い、ということはあります。西洋の諺《ことわざ》の中にも、「天使とて、この世の知恵者にはかなわない」という言葉があります。

転生は魂を浄化し、愛を成長させ、思いやりとしての責任を果たすために生まれ変わってくる素晴らしい貴重な機会です。幼な子のようになることで、転生を終えることができます。本来の自分を取り戻し、ありのままの自分でいられるようになること、それが完成です。

本音と建前が分離せず、自然体で生きていて、それでいて独りよがりではなく、周りを思いやり、奉仕的な人、正しい心がけで生き、本当の信仰を持っている人が、転生を終えていきます。女性と男性とは同じ位の数になります。すべてが平等で、職種も社会的地位の有無も、財産の多少も、転生が終えられるかどうかには関係ありません。心と行動の内容に属する事柄です。

霊界でどのように過ごしたか、何をしていたかも、同じ位大切で、その人の内面を形作ります。

自分をわきまえ、謙虚で素直に、そして自然体で生きていくようにすることで、己に立ち返り、真の自分になります。そして他を思いやり、奉仕的であることが、転生の終了を招きます。その間のプロセスも上手に楽しんで生きていきましょう。人生は、天からの贈り物であり、恵みの機会であることを忘れないでください。

見返りを求めない愛の行為によって、人は人間レベルを超脱し、次の存在の有り様《よう》をとり始めます。そこへと自らを方向づけましょう。転生説は、魂の成長の必要性を説いています。それこそが、これからますます求められるようになることなのです。

第7章 前世を知る、前世を活かす〜前世リーディング〜

◇前世リーディング①

出生地：神奈川県横浜市
現住所：神奈川県横浜市
職業：学生
年令：19歳
性別：男性
2002年3月5日

ソースへの質問：私の前世をお知らせください。

ソース：陽気で明るく、活発な魂です。とても歯切れがよく、また爽快《そうかい》な感じを与える人でした。前世から行なってきたことは、たくさんあります。ただ一つのことだけを貫いてきた人ではありません。その意味でとても柔軟で、あまり私心がなく、むしろ状況優先で、それらに対してその時その時対応してきた人です。性格的な特徴としては、楽天家であり、細かいことは気にせず、執着が少なかったという点です。

これまで生まれ変わってきた回数は、四十八回です。最初はレムリア時代に溯ることができます。地球時間ではいまから、三十万年から二十八万年前のことです。厳密には、まだ生まれ変わりという形は取っていませんでしたが、あなたの存在をそこに突き止めることができます。

とても好奇心旺盛な人でした。探検や冒険が好きで、恐れたり怯《ひる》んだりすることなく、その意味で怖いもの知らずの人でした。動物や植物などの自然が好きで、陽気であり、歌を歌ったり、ゲームをしたりなど、遊び心のある、活発な人でした。何かに夢中になるのですが、さっと引くのも速く、その意味で転換が素早い人でした。

適応力のある人でした。その時必要なことをこなしたのです。怪我《けが》をした人がいれば治療を施《ほどこ》してあげたり、沈んだ人がいれば歌を歌ってあげたり、道に迷っている人がいたら、勘を働かせて一緒に歩いて行き、道標《みちしるべ》となったりした人です。そのような生き方をしながらレムリアにおいて、三、四回転生しました。

その後、アトランティスの方に転生していきました。今から七万年から五万年前の頃からです。アトランティスでは、機械の方面で活躍し、設計をしたり、組立工の一人として働きました。鼻歌混じりで仕事をこなす人で、しかしミスをすることもなく、ちゃんとこなす人でした。周りの人に対する心配りも行き届いている人で、それが気苦労せず自然にやってのけられる人で、仲間たちの間での評判も人気もあり、人生を明るく捉えることが結局素晴らしい幸運を招く、ということを身をもって示した人でした。

その後のアトランティスにおける前世では、デザイナーの一人でした。植物をトレースして、本物のように模写する技術に長けていました。また非常にソフトで柔らかな色彩を表わすのが、上手な人でした。それに触れた人たちの心を和ませることができたのです。とても優しい、感性の優れた人でした。フリーで仕事をしていました。また、子ども相手のゲームや玩具を作ることもしていました。なかなか器用で、多芸多才でした。また、夢もある人で、恐竜図鑑などに惹かれ、子どもたちに古代の物語を読み聞かせてあげて、自分でも熱中しました。いつまでも無邪気で、子ども心を持った人でした。

今から二万五千年程前には、ムー大陸に生きていました。植物に詳しい人でした。治療に興味があり、薬草の効力と、人間の自己治癒能力を高める秘訣を心得ている人でした。あまり多くを教えられたり学んだりしなくても、感覚としてわかってしまうところのある人だったのです。

その後、古代のエジプトにB.C.一万一千年の頃転生しました。住宅関係の仕事をしていました。石切場で働いたこともありました。神殿建築に関わったのです。でも、関心があったのは、温かさを醸《かも》し出す一般住居を造ることでした。国民一人一人が幸せになり、生活が保障されることの大切さを痛感している人だったのです。それでできるだけ快適に、楽しく、心豊かに過ごせる住宅設計を試みました。

最初はあまり相手にされませんでしたが、ある人が目を留めてくれて、それをきっかけに評判となり、注文が次々に来るようになりました。それからは喜びを持って取り組むようになり、人々に夢を提供していく人として、活躍するようになりました。また、ここでも子どもたちを相手に遊ぶのが好きで、子どもたちにも夢を育むために共に遊び、学び、体験を共有し合いました。

その後、再びエジプトに転生しました。ラムセス二世が王であった時代です。人々の間の中継ぎ役をしていました。インタビューをしたり、取材をしたりしていました。国が円滑に動くために、人々の間を飛び回っている人でした。また火事になったらそれをいち早く通報し、できるだけ最小限の被害で済むために動いたりもした人です。

モンゴルの方では、幸せな人でした。年を取ってからも周りの人たちに愛され、慕われて、共に心を温め合い、調和しながら、互いに思いやりを持って暮らすことの大切さを知らせました。人は人があってこそ、人になることができること、幸せのために互いに他に対して責任があることを身をもって体験し、その事を周りに伝えた人でした。

そして中央アジアの方に転生して行きました。そこでは、生活の工夫が見られました。動物たちから身を守るために、どのように生活しなければいけないかについての知恵がありました。同時に一方、動物たちの方を、人間から守るためにどのようにしてあげたら良いのか、ということも配慮しました。結局、人間と動物とが共存し、上手に棲《す》み分けられ、どちらも相手から守られるように。それが結局長続きする平和の秘訣であり、自然の摂理にかなったことである、ということを知っている人でした。

ギリシャの方にも転生しました。音楽隊の一員でした。移動しながら共に演奏し、そして演劇も行い、また手品などもやって見せられる人でした。多くの人たちの夢を育み、喜びを提供すること、それによって人生とは素晴らしいものである、と実感できるようにしてあげることが使命でした。

中国にも転生して行きました。中国では、職人の一人でした。とても器用で、アイディアの人でした。また絵を描くのが上手で、漫画を描くことができました。また、炭を作ったりもしました。その他、部屋の飾り物、例えばモビールのような物を考案し、作ることが上手でした。風車《かざぐるま》も作りました。そのような、ちょっとしたアイディアにおいて優れた人でした。

ペルシャでは商人の一人でした。なかなか商売の感覚もあり、多くの人たちに素晴らしい商品が行き渡るように、香辛料や象牙細工、またさまざまな生活用品や仕掛品なども仕入れ、そして流通させせました。

古代の日本、紀元四世紀の頃には農業のアイディアに優れた人でした。穀物をできるだけ可愛がり、農産物と心のコミュニケーションを図れる人でした。それでこそ初めて収穫物をあげることができ、人間は食べることによって、体だけでなく心も養われる、とみていました。それは食べ物にも心があり、そこでお互いに一つに溶け合うからだと感じていたからです。

日本の鎌倉時代にも転生して行きました。そこでは彫刻師の一人でした。職人だったのです。人間の像を彫ったり、自然を彫ったりしました。一家団欒《だんらん》の像を彫ってあげた時もあり、非常に微笑《ほほえ》ましく、ほのぼのしたものが伝わる作品を彫り上げることができました。また、熊や猿などの動物を彫り込むこともできるなど、とても心が和み、平和な気分を作り出すことのできる人でした。

江戸時代が始まる頃、豊臣から徳川政権に移行する時代にも生きていました。浮世絵の走りのような物を描き、また子どもたちに、ここでも玩具を作ってあげ、そろばんを教え、また一緒にボールを蹴ったり、あるいは野球のようなことも行ったり、その場で遊び方も思いつき、一緒に、本当に子どもの中に溶け込んで遊ぶ人だったのです。

さて、四十八回の転生の中で、男性であった時は三十三回位、女性であった時が十五回程ありました。今男性である中にも、女性であったことの多く体験が生きています。それはあなたが、自分の中でバランスが取れているからだとも言えます。あなたは夢を与え、それを育み、互いに共有し、体験を通して大切な命の心を周りに伝えてきたのです。

リーディングを終了します。

Q① 前世を知ったことで、どんな変化がありましたか？
あるいは、どんな変化を起こそうと思っていますか？

これまで、自分は人見知りをするタイプだと思っていました。社交的に生きてきた何回もの人生があったことを知って、今の自分の中にもその要素があると思うようになり、人間関係に活かしていこうと考えています。

Q② それ（Q①の答え）は、前世リーディングのどの部分が役に立ちましたか？

友好的に生きたたくさんの前世を、具体的に知ったこと。

Q③ 前世を知ることで、あなた自身の内面（考え方・生き方など）にどんな影響がありましたか？

特にありません。

Q④ これからさらに、前世リーディングを活かしていきたいことは何ですか？

今後、社会に出た時に、何か人のためになる事を自分から行なっていこうと思います。

◇前世リーディング②

出生地：鹿児島県西之表市
現住所：神奈川県横浜市
職業：不動産業
年令：36歳
性別：男性
2002年3月5日

ソースへの質問：私の前世をお知らせください。

ソース：頑固《がんこ》一徹、という感じの人です。何を行うときも真剣です。あまり融通性はない方で、自分の考えややり方を押し通します。でもその分忠義心もあり、真面目で、誠実で、信頼の置ける人でした。今でも同じです。前世からあまり変わってきていないのが特徴です。あまり譲らないし、曲げない方です。でも向上心はあり、自分を磨いたり、学んだり、実地に取り組んでいくことがとても性に合っていて、ひたむきで前向きな人、そのような人として生まれ変わって来ています。

根が真面目で正直なので、嘘をついたり冗談を言ったり、ふざけたり不真面目になったりということは滅多になく、黙々と取り組み続けます。でも、非常に爽《さわ》やかな面もあって、大らかで大きな心の持ち主です。むきになる方で、柔軟性はあまりありません。その分精神統一とかが好きで、一つのことをとにかく貫き通して来ました。

これまで五十二回程生まれ変わって来ました。その大半は男性としてです。その意味で、男性エネルギーの方に傾いており、今でもあまり女性の気持ちはわからないところがあります。そのためでしょうか、今世でもまだ独身のままです。女性的な男性の方が、女性の気持ちがわかるし、男性的な女性の方が男性の気持ちはわかるものです。それゆえ一般的には、そのように中性的になってきている人の方が異性の気持ちがわかるので、コミュニケーションもスムーズで、結婚もしやすいという傾向があります。

あなたの場合、昔気質《かたぎ》のところがあり、封建的な面もあります。それは前世で日本を始め、封建的な身分制度の中で過ごして来たことが多かったことにもよります。でもなかなか信頼もある人で、責任の人と言えます。また、リーダーシップも取ってきた方で、自分の仕事を確立してきました。生まれ変わって来た場所は、東洋が多くあります。

今から二十三、四万年前にあなたの地球上での魂の起源を見ることができます。既にその頃から現場の監督者の一人として、土地の分配や食料の調達において手腕を発揮する、責任者の一人でした。なかなか面倒見のよいところがあり、あまり笑わず、周りの人たちは腫れ物に触るような感じで、ビクビクこわごわ、あなたに相対していました。でもわかってくると気のいい人で、信頼も置けるし、ごまかさないし、逃げないし、とても誠意のある人として、人々から慕われました。気前がよく、正義感が強いので、悪ふざけや不正には憤《いきどお》りましたが、でもつまらない事には拘《こだわ》らず、赦してあげたり、面倒を見てあげる人でした。

レムリア大陸で三回位転生しました。その後ムー大陸の方に転生して行きました。今から八万年程前です。インド洋からインドシナ、フィリピン、台湾にかけてのエリアです。土木関係の仕事に関わりました。また、人々の和合に価値を置き、そのために相撲大会を開催したり、村興《おこ》しの祭に積極的でした。人々が一丸となって、一つのことに取り組むことに意義を見出していた人です。

今でもあなたは、一つの理想に向かって、人々が心を一つにして向かって行くことが大好きです。「人それぞれ」とか、「まぁまぁ何となくそれぞれやっていけばいい」というのは、あまり性に合っていないところがあるのです。厳格です。真一文字という人です。でも、ただ細かくて神経質な人ではありません。大きな抱負を抱いて、それを基に本気で取り組み、福祉の方面でも貢献して来た人です。自分や家族を超え、社会やお国のため、また地域社会のためになることを我がことのように捉え、そして実際に真面目に取り組んできた人なのです。

古代のエジプトに生きていた前世では、現場で働くことが多かった人でした。たとえば、綱――太い綱ですが――それを何十人もの人夫たちが引っ張って、大きな塔を建てるために力作業を行ないました。そのようなことを統率し、その責任を担いました。時には怪我人が出たり、死者も出たりすることがありました。そのような時はすごく反省し、自分を責め、また直接ミスを犯した人に対して、責めたり欠点を指摘したこともありました。しかし、ただ相手をなじるという人ではなく、一緒に検討し、学び直し、これから怪我人や死者を出さないためにはどうしたらいいのか、本当に真剣に考え、そして取り組み直す素直な人だったのです。それでだんだん大きな責任を与えられる人になっていきました。あなたは今でも現場主義です。何でも体験を通して教訓を学び、成長して来た人なのです。

イスラエルの近くの国に生きていた前世では、建築資材を取り扱い、それを調達する役目を引き受けていました。たとえば、イスラエルのエルサレムに神殿が造られる時に建築資材を調達し、それを輸送するという役目です。忠言実行をモットーとしていて、仕事をきちんと行ない、手配していたので、大きな信頼を得ていました。でも、あなたの下で働く人たちはなかなか大変でした。それをきっちり行なうために奔走していたからです。でも、ちゃんと働いてくれる人々に対してあなたはそれだけの事をしてあげ、とても優しく、思いやりに満ちた人でした。

インドにおける前世では、きこりの一人でした。でも木を切っていたばかりではありません。動物愛護運動者にもなっていました。また、人づくりに関心があり、心と体を鍛え上げ、人間を完成させるということに大層関心がありました。

あなたは福祉社会の実現のために動いていたのです。あなたは今でも理想社会を実現させるために、自分にできることは何かないか、と周りを見ながら生きているのです。そして人格を磨き、自分を高めることに、今でも関心があるのはそのためです。そして口先だけのことが嫌いで、「こうだと思ったら実行するのが本当だ」という強い信念の持ち主でした。今でもそのようなところが見られます。ただし、それで他とぶつかることもあった人です。やや盲目的なのです。

中国の南方部における前世では、食品工場で切り盛りしている人でした。粕《かす》漬けのような物を製造したり、また、漁師の人たちと連携し、海から取れるものの食品工場も持っていました。仕事を手広く行い、多くの人たちに食べ物を供給していたのです。あなたは今でも、多くの人たちのことをいつも思って生きています。あなたの生き甲斐は、そのようなところにあったのです。
また、一部地方政治にも関わりました。時にぶつかり合うこともありましたが、影響力もあり、きちんと行なわねばならないことを、身をもって示し続けていた人です。

日本の弥生時代後期にも生きていました。農業の監督者でした。そしてあなた自身、自ら人一倍働きました。周りの人たちは、それでとても大変でしたが、しかしその分豊かであり、不正もなく、安全に暮らせました。あなたは思いやりのある人として、立派に生きることをモットーとしていたのです。

その後、江戸時代後期に転生して行きました。部落活動に関わりました。九州の南方部に暮らしており、正義の味方といった感じの人で、新しい国造りのために動き回りました。また武芸—たとえば柔道—などもたしなみ、多くの弟子たちを育成しました。精神統一も行い、人格を磨くことに熱心でした。「国はまず人づくりから」。それがあなたの考えだったのです。そしてそれを忠実に実行に移していきました。

そのようにして今世生まれ変わり、あなたは自分の理想を確かめながら、それに誠実であろうとし続けているのです。

リーディングを終了します。

Q① 前世を知ることで、どんな変化がありましたか？
あるいは、どんな変化を起こそうと思っていますか？

今の仕事や関わっているボランティア活動が、自分の前世や使命感からきていて、とてもマッチしていることを知り、勇気とさらなるやる気がわいてきました。
このまま生きていけば、必ずやりたいことを実現できるようになれると確信でき、自分の考え方もこれまでよりももっと好きになりました。

Q② それ（Q①の答え）は、前世リーディングのどの部分が役に立ちましたか？

「国はまず人づくりから」。それがあなたの考えだったのです。そして、それを忠実に実行に移していきました。そのようにして今世生まれ変わり、あなたは自分の理想を確かめながら、それに誠実であろうとし続けているのです。

Q③ 前世を知ることで、あなた自身の内面（考え方・生き方など）にどんな影響がありましたか？

「今の生き方でいいんだ」という確認ができて、これからの自身につながりました。いままで、なぜ自分は捉え方や考え方が人と違うのか、なぜ人は違う考え方をするのかと迷っていましたが、前世を知ることで、自分の考え方がよくわかり、人の考え方も受け入れられるようになりました。

Q④ これからさらに、前世リーディングを活かしていきたいことは何ですか？

もっと誠実に前向きに人生を生き、周りの人たちに思いやりを持って、リーダーとしての自覚を持ち、現場主義を貫きながら、理想の実現に一歩一歩着実に進んでいきたいと思っています。

◇前世リーディング③

出生地：広島県福山市
現住所：広島県福山市
職業：主婦
年令：87歳
性別：女性
2002年3月5日

ソースへの質問：私の前世をお知らせください。

ソース：何でもできる人でした。器用で、好奇心旺盛で、どんなことでも行なってみる人でした。新しいことにチャレンジするのが、とても楽しみだったのです。その意味で、柔軟性に富み、新しいことに対して抵抗がなく、むしろこれまでのものを持続するよりも、何か新しいことに気が惹《ひ》かれるところのあった人です。でも、自分の中でバランスを取るかのように、一方では頑固なまでに、何か一つをずっとやり続ける、そのような思い入れもあって、これぞということにはずっと自分を献身させ続ける、そのようなひたむきな面もあった人です。

色々とこなしてきた人ですが、特に裁縫とか針仕事ではとても抜きん出ている人でした。他にお料理とか、歌や俳句を作ること、また絵を描くこと、そして音楽の方面でも才能を発揮した人です。

庭造りを始め、デザイン、設計の才能も見られ、そしてとても手早くするのが特徴でした。前世から行なってきたことは、すごくいっぱいある人です。特徴は、対応能力、そして処理能力です。とても手際よく、しかも的確に行なう人だったのです。動作が機敏で、そして手早いばかりでなく、頭の回転も速く、推理能力、論理能力に長けた人でした。言葉選びも上手で、表現においても工夫の見られた人です。そのような人として、至る所で生まれ変わりながら、周りをサポートし、また間を取り持つ人として、大変重宝がられました。また旅や移動が好きで、土地に関しても好奇心が強く、自ら出向いていった人です。風来坊的な面もありました。

これまでに五十九回位転生してきています。その内、女性であった時は三十八回位、残りは男性としてのものでした。特徴としまして、男性であった時も、女性であった時も、あまり男であったり女であったり、というふうではなく、いずれにしても中性的な存在で、あまり性別を表に表わさない人だったということです。それゆえ、あなたにとってこの世での性別というのは、あまり重要ではなく、むしろ行なっていることの方に関心が向いている人でした。人間関係もそれなりにこなしては来ていますが、ある程度で十分という方で、あまり煩わされるのは好みませんでした。やはり何かに取り組んでいるのが一番好きで、また性に合っている人だったのです。

面白い才能としては、間違い探しなどにおいての気付く能力です。見つけ出したり、気付いたり、分かったりする能力です。また、物事を分かりやすく、筋道立って説明したり、要領よくまとめて解説するのが上手な人でした。

日本の国内では、五十九回のうち、十二回位転生して来ています。それ以外の所では、中国で五回、チベットで四回、中央アジアで三回、モンゴルで二回、シベリアで二回、東南アジアで三回、インドで二回、などと生まれ変わって来ている人です。また、ヨーロッパで四回、エジプトも含めアフリカでは、四、五回、北米大陸で二回、中南米で三回位です。その他、太平洋諸島や太古のレムリア、そしてアトランティスなどでの転生もありました。

このように割と世界中に散らばって、それぞれの地域を体験してきたことが特徴的です。あまり特定の地域との繋がりが強い人ではなく、その意味で特定の土地からも民族からも自由な魂です。それでも、最初にお伝えした通り、日本での生まれ変わりの占める割合がこれまで比較的多かったことは確かです。

日本には今から三千五百年ほど前より転生を始めました。それ以前は、中国、シベリア、モンゴルの辺りでの転生を主にしていた人です。もっと以前は、メソポタミア文明で生きていたり、古代のエジプトで生きていました。また、ミタンニ[注①]文明の中で活躍していた時もありました。結構あちこちで生まれ変わりながら才能を発揮し、周りを手助けしてきた、しゃきしゃきした人だったのです。

縄文時代の中期から後期にかけて生きていたある前世では、生活必需品を作り出す才能がありました。アイディアの人だったのです。これがないとどうしても生きていけない、ということでなくても、あると助かる、という品物が世の中には一杯あるものです。そのようなものが次々に思い浮かび、思い浮かぶだけでなくて、さっさっさと作ってしまう、そんな人でした。周りは感心し、とても助かりました。パッとひらめくところのある人だったのです。今でもそのような面があります。そして他の人たちが助かり、喜ぶ様子を見るのが楽しみでした。それを張り合いに生きていた人だったのです。

また、弥生時代初期の頃は、部族と部族との架け橋となりました。非常に気遣う時もあり、部族間の併合《へいごう》はなかなか困難を極めましたが、それでもめげず、双方を行き来し、それぞれの言い分を聞いて、相手に良い形で伝えました。聞いてそれをどのように伝えるか、それがとても決め手になるということを掴みました。人は聞いた事をその通り伝えるとは限りません。特に脚色するということでなくても、同じ事実をどのように伝えるかで微妙に違ってくるものです。そのような機微《きび》に通達し、できるだけ相手を良く思えるように、ということで苦心しました。

またそのような中で自分の限界も痛感させられました。そのような時、神さまについて思いを致すようになり、周りの人たちに対して理解をもたらし、さらに理解を超えていくこと、そして天を仰ぎ、大地を尊重し、一人一人が生かされる、自由で安全な社会のために、各自できることを行なう事、そのようなことを身をもって示していきました。

日本の白鳳《はくほう》時代の頃は、衣装を縫ったり編んだりして作っていました。今で言う服飾デザイナーだったのです。両刀使いで、右から縫ったり左から縫ったりでき、手早いばかりでなく、完璧に仕上げることのできた人です。そして弟子もでき、自分の業やアイディア、そして心得などを伝えていきました。

あなたは前世で、どちらかというと人間関係においてよりも、仕事、取り分けその技に関して、自分の意識を傾注してきた人です。人間関係では苦労してきた方の人です。今世の前半期にも、そのカルマと弱点が表われました。でも、その中で貴重な教訓を学び取り、魂を成長させることで前世を乗り越えて来たと言えます。それによって今世後半期、安定化の方向へと向かい、物心《ぶっしん》両面で恵まれるようになった人です。今世において進歩を遂げたことで、あなたは貴重な教えを自分の中に持っています。それを周りと分かち合うこと、そして周りに気づきと理解をもたらしていくことこそ、今世における残された使命なのです。それはちょうど白鳳時代の日本において、裁縫や縫い物で技や心得を伝授していたこと、どこか対応しています。

あなたは自分が得たり、わかったり、会得したりしたことを周りに伝えていく使命が、今でもあります。その意味で啓発を与えることのできる人なのです。

日本の平安末期から鎌倉初期にかけての前世では、教えの伝達者、すなわち教育者の一人でした。技術と教育とが一つになった所に、あなたの位置があります。それは、生まれ変わりながら、一貫しているあなたの特徴です。それはあなたの特性に基づくものです。

また、あなたはミタンニ王国において、後輩の若い人たちにマナーやコミュニケーションの方法、礼儀作法を教えている人でした。

日本の江戸時代中期においては、周りの人たちの助け人として、「困った時のあなた頼み」とでも表現してよいような重宝な人でした。あなたは今でも、自分を他の人のために差し出せるのです。

あなたはそのようにして生まれ変わりながら、周りにとっての良き相手として、人間の価値と有用性を知らしめました。霊界においても学んだことは多く、それをこの地上にももたらしてきている点でも重要です。

リーディングを終了します。

Q①　前世を知ることで、どんな変化がありましたか？

あるいは、どんな変化を起こそうと思っていますか？

私のこだわった考え（思い）で解決できないことがありました。前世リーディングをいただいた4～5日後、そのこだわりが何の抵抗もなく解け、1年近く苦しんだその問題が円満解決致しました。

具体的には、三男の縁談です。昨年6月にお見合いをし、当人同士は意気投合したのに、私が私たち夫婦との同居を主張したため、縁談は調いませんでした。今年3月、仲人さんから釣書が返送されたことを古い友人に話した所、私の考えを注意されました。その時、ごく自然に別居すればいいと思え、昨年、なぜあんなに同居にこだわったのか不思議なほどでした。その後、再び仲人さんにお骨折りいただいて、無事、縁談が調いました。

前世を知ったことと直接結びつくのかどうかはわかりませんが、リーディングをいただいた直後に、私の気持ちが変化し、事態が願っている方向に動き始めたことは事実です。自分の年齢を思えば、最後の問題を解決することができて、心に掛かることがなくなり感謝しています。

一九九八年のリーディングで、「意味のない事は起きない。すべてが必然で、愛の働きである」と教えていただいたことを思い出しました。

Q② それ（Q①の答え）は、前世リーディングのどの部分が役に立ちましたか？

どの部分という事はわかりませんが、何年か前、浅野先生とお別れの握手をした時に、感情ではなく、理由のない涙があふれて止まらなかったことがありました。その時と似ていると思います。

Q③ 前世を知る事で、あなた自身の内面（考え方・生き方など）にどんな影響がありましたか？

私は人並で、平凡の人間だと思っていましたが、前世を知って、心強い自信を得ることができました。

今世の最後まで、楽しくがんばって生きていこうと思います。

Q④ これからさらに、前世リーディングを活かしていきたいことは何ですか？

他の人のためにお役に立つことがあったら、積極的に実行すること。

◇前世リーディング④

出生地：愛知県名古屋市
現住所：愛知県名古屋市
職業：会社経営者
年令：45歳
性別：男性
2002年3月5日

ソースへの質問：私の前世をお知らせください。

ソース：商売人であった時、また技術者であった時、他には芸術や文芸を愛好するロマンチストであった時、また計算が得意で、経理などの仕事をこなしていた時など、いくつかの顔を持っている人です。その時その時、一生懸命こなしてきました。

今世においては、器作りを目的として転生してきた人です。前世においては自分を感じていたり、仕事やその技に関して意識を傾注していたりなどが多かったのですが、今世においては人間を知り、社会を学び、これまで自分が培ってきた才能を、生きた人間たちとの関わりで試すために生まれてきました。そのために、今世、人間の学びが起きて来ています。ある前世においては、純粋な科学理論に意識を置き、研究者であったことも体験してきている人です。

これまでの生まれ変わりの回数は、五十三回程です。その内男性であった時が三十四回位、残りは女性としての人生経験でした。今と別の性、すなわち女性であった時も比較的多かった人です。女性であった時はとても賢く、大人しく、控え目な人ですが、やり手の人でした。美しくて賢く、従順で、しかし頑固な色白の女性でした。女性であった時も複数体験しているので、その間でも少しずつ違いはあったわけです。でも総じて今描写されたような特徴があった、ということです。

また、生まれ変わりながらの一貫した特徴としては、家族思いの人だったという点です。親族との繋がりが緊密で、守る責任を感じてきている人なのです。そのためか今世でも、家族に対する思いが深く、また直接の家族ばかりでなく、「一族全体のために骨を折ろう、自分が大役を担い、舵《かじ》取り役を引き受けよう」という気概心が感じ取れます。それはあなたが今世生まれてくる時に自分で固く決意して、自ら望んで選んだ役目です。それによって前世の時よりさらにパワフルになり、現実的手腕も付いてきているのが見られます。

生まれ変わって来た所は日本が多く、日本だけでも十七回位に及びます。日本以外では中国で三、四回位、朝鮮半島で二回位生まれ変わっています。シベリアの方で二回位、ロシアでも二回位生まれ変わって来ています。北米大陸では一、二回、南ヨーロッパで三、四回、それ以外のヨーロッパでも三、四回は生まれ変わって来ている人です。

文明が栄えていた所に生まれ変わったり、あるいは自然の中で長閑《のどか》に暮らしていた時もあり、その時その時でさまざまです。また霊界の中で統率力を発揮し、霊界に対する一族全体の取りまとめ役も引き受けていましたし、この世に対する守護霊的存在として、あの世で頑張っていた魂です。

またあの世にいた時に、他の霊団、グループ、あるいは一族との間で、争いや諍《いさか》いがあって緊張関係が生じた時に、力を尽くし、何とか和睦に漕《こ》ぎ着けた時もありました。あの世でも結構頑張ったり活躍していた人なのです。それはまた、あなたの一つの特徴となっています。そのために、今世この世に生まれて来ても、あの世との繋がりが緊密であり、精神的な面でとても働きが活発な人になっているのです。そして今でもあの世と繋がりながらも、現実的なことをこなそうという方に自分を仕向けなければなりません。それは、あなたにとっての大きなチャレンジとなっています。

あの世にいた時もこの世に生まれ変わって来ても、一族との関わりで、その任務を引き受けてきているのが特徴です。今世においてはさらに一族の中だけばかりでなく、社会との交流の中で自分たちが培ってきた知恵や技、また持てるものを多くの人たちと分かち合い、役立ちたい、という念願が読み取れます。

前世から家族思いの人ですが、今世では「皆が同朋である」、「他の人たちのためにも今後は役立てるべきである」という想いが強いのです。日本における生まれ変わりの回数の多いのが特徴となっていますが、それは日本の霊界との繋がりが緊密であり、そのために生まれ変わってくる時も日本の国土に、日本人として生まれやすいことによります。

このように日本の霊界との繋がりが強い人なのです。それは日本の霊界の構造、すなわち家族や親族を単位とした在り方に、あなたがちょうど合っており、また自分と縁のある者たちも共に在るために、日本での霊界と顕界との行き来が頻繁になって来ているのです。さらに、日本の神々のご守護というのも手伝っていて、日本の神々の下《もと》、あなたを始め、周りの縁ある人たちが生まれ変わってきているのが特徴です。

しかし一方、イタリアの方に生きていた前世では、政治学を学び、貴公子のような人でした。凛々《りり》しい感じの人だったのです。その時文学、音楽にも親しみを覚え、それがあなたの心の慰めになっていました。

また、フランスに生きていた前世もあります。フランスに生きていた時は、絵を描き、少し彫刻もしていました。風景画、人物画、両方描きました。

また、スペインに生きていた前世では、興行師《こうぎょうし》、つまり軽業《かるわざ》を行ったり、曲芸師の人たちとの関わりがあり、演劇やお芝居など、劇団の人たちと仕事をしたりして生きていました。あなた自身アイディアを持ち、世間の人たちを喜ばせ、楽しませ、癒しをもたらすことをしていたのです。そのようなユニークな前世も持っている人です。

またバビロニアに生きていた前世では、裁判官を務めていました。できるだけ公平に審判し、どちら側をも擁護《ようご》し、何より神の真実と正義に基づいて、正しい結論を下すことをモットーとしていました。しかし、それがうまく行かず、難しい問題の時はすごく悩み、始まる直前まで苦しんだこともありました。

中国に生きていた前世では、漢方の医学に興味を持ち、人間の体と、大地を始めとする自然の生命について、感ずる能力のある人でした。とても優しい心の持ち主で、人の生命と体を蘇生させるために、日夜その方法を究明し、そして試していました。

また中国における別の前世では、とても博学、多識で、勉強熱心な人でした。巻物が好きで、古文書に目を通していました。

日本において今から三千年程前は、建築職人の一人でした。特に宮大工として優れた腕を発揮しました。あなた自身、神さまに仕える者の一人として神に忠誠を誓い、自分の技を磨きました。

また、黒海からカスピ海にかけての地域における前世では、発明家であり、科学者でした。とても賢く、ひらめきのある人でした。たとえば浮力の原理に気づいたり、水量と水圧の関係について実験を行い、水をプールのように溜めて試したりするのが好きな人でした。今でもあなたの中には科学の精神があり、「知りたい、試して実証してみたい」という心があります。

江戸時代中期における日本の前世では、商売を営んでいました。とても働き者で、気さくであり、気のいい人でした。しかし中には悪巧みをする人たちもいて、騙《だま》されたりひどい仕打ちにあったこともありました。そのような時、家族や仲間が心から同情したり助けてくれました。でも自分の中では自分を厳しく見つめ、「何か訳《わけ》があってのことに違いない」と自分を反省し、それからもっとよくなっていきました。
また日本の中世における前世では、歌会や祭に興味を持ち、とても文化の心を解する、心が伸びやかな人でした。
あなたは今でも心を育《はぐく》み、他の人たちの心を温めることができる人です。

リーディングを終了します。

Q① 前世を知ることで、どんな変化がありましたか？
あるいは、どんな変化を起こそうと思っていますか？

自分は霊的な感性は弱い方で、現実的な人間であると思っていました。今回のリーディングで、その両方を持ち合わせている魂であることを知り、霊的な分野もさらに開発していきたいと思います。
また、一族の長としての役割と責任を再確認できました。

Q② それ（Q①の答え）は、前世リーディングのどの部分が役に立ちましたか？

何度も生まれ変わってきた中で、一貫して、家族を思う気持ちと、一族の長たる立場で尽くしてきたという部分です。

Q③ 前世を知ることで、あなた自身の内面（考え方・生き方など）に、どんな影響がありましたか？

自分自身が、このように多岐にわたるさまざまな人生を繰り返してきたことに、少なからず驚いています。
自分の未知の可能性に対して、もっと積極的にチャレンジしていくつもりです。

Q④ これからさらに、前世リーディングを活かしていきたいことは何ですか？

自分の中にある、多彩な潜在的可能性と能力を信じて、今世の目的である人との関わりの中で自分を活かし、貢献していくことをさらに強化していきたいと思います。

◇前世リーディング⑤

出生地：京都府綾部市
現住所：兵庫県尼崎市
職業：介護福祉士
年令：26歳
性別：女性
2002年3月5日

ソースへの質問：私の前世をお知らせください。

ソース：お手伝い役を務めることが好きな人です。助け手として、自分を差し出してきました。でも、やり方に関してはこだわりがあり、またどのような成果が上げられてきたのか、ということをとても気にするところがありました。非常にあっけらかんとしたところと、神経質で細《こま》やかなところとの両面を備えている人です。

前世からさまざまなことを行ない、そつなくこなしてきていますが、結果に対して気にするところが強かったのです。今世においては、精一杯行なって、結果は神に託しましょう。そしてどのような結果が出ようとも、それに囚われることなく受け止めましょう。そうすればするほど、自由になります。今世のあなたの使命は、自由を周りにもたらしていく、ということにあるからです。

前世から自由とは何か、人が生きるということにはどんな意味があるのだろうか、といったことを問い尋ねながら生きてきた人です。とても哲学的、論理的なところがあり、思索力に優れていた人だったのです。でも、ただ考えるだけの人ではなく、行ない方に決め手がある、とても巧みな人、それが前世のあなたでした。常に技において卓越しており、工夫と共に配慮が行き届いていた人でした。また周りの人たちにもよく教え、やり方を身をもって伝え、示していた人でもあります。

中国のある前世においては看護婦の一人でした。同じ時間内に人の何倍も捌《さば》いていきました。しかもそれでいて、一つ一つがきちんとこなされていたのです。別に急いでいるようでもないのに、どうしてそのようにできてしまうのだろうと、同僚たちが驚きました。

あなたはただ無駄や間違いなく、こうだとわかった通りに行なっていただけなのです。今でも行ない方においてそのような特徴が見られます。

これまで地球上に人間として生まれ変わってきたのは、五十七回位です。その内女性だった時が三十九回から四十回位でした。また、日本での生まれ変わりは五十七回中、十一、二回位です。

今のトルコからシリアにかけての地域では踊り子、ダンサーの一人でした。とても活発で明るく、元気のいい人でした。でも、自分の感情を統御するのに大変なところがありました。自分で自分の感情を押さえる傾向が、今でも見られます。自分の感情を上手に生かし、花開かせていくこと、それが今世において求められてきていることです。

アトランティスにおけるある前世では、リズム体操の教師、あるいはインストラクターを務めている人でした。リズム感があり、体操や踊り、そして音楽に関してリズムの観点から研究している人でした。データも取っていて、非常に綿密なところのある人でした。

イスラエルに生きていた前世では、園芸家の一人でした。植物や潅木《かんぼく》を栽培し、果樹栽培も行っていました。果物や実を収穫し、それを市場に卸していました。ここでも非常に機知《きち》に富み、同業者たちよりもいっぱい収穫物をあげることができました。他の人たちが不思議がり、「何か特別なことをしているのではないか」と見に来たほどです。

あなたは生まれ変わりながら、何をどこで行う場合でも、同業者より一歩抜きん出ていました。あなたは工夫しましたし、意識を傾注し、どのようにするのがベストなのか、それを見つけ出すことができたのです。

スイスからオーストリアにかけての前世では、デザインの仕事をしていました。色彩と形に関して優れた才能がありました。今でも色感覚や形に対して、優れたセンスが見られるのはそのためです。

モンゴルから中央アジアにかけての前世では、牧畜業を営む者の一人でした。とても活発でおてんばなところがあり、家畜にまたがり、乗り手としてもなかなか上手で、動物と一緒に生きていました。動物は自分の友だちであり、さらには家族同然でした。

中国のある前世では、子どもたちの教師を務めていました。基礎学習として国語、算数、歴史、図画工作などを教えていました。自分でも行なうのが好きで、子どもたちと体験学習を共同で取り組む、という教え方でした。非常に分かりやすいし、飽きない、面白いという評判でした。でも、生徒たちが増えてくると、大変になり、一時身を引きました。でもまた求められ、復帰しました。今世においてもある程度行なうと、「もういいかな」という気持ちが動くのはその故です。

今のパキスタンの辺りでの前世では、言語学の研究生でした。いくつかの言葉を研究し、比較言語学において優れた才能を発揮していました。単に言葉の翻訳や解説ではなく、言葉そのものの持つ意味や構造に関して、優れたヒントを与えました。民族性と言葉との関係、さらには社会的背景や時代性が言葉や表現にどのように反映してくるか、などについても鋭い見識を持つ人となりました。しかし、そこでもある程度で身を引き、周りを当惑させました。最初は一生懸命情熱を持って取り組んでも、ある程度で「もう十分。後は他の人が行なえばいい」と思うのはそのためです。

江戸時代初期の前世では、子どもの玩具、おもちゃを作ってあげていました。羽子板《はごいた》、独楽《こま》、凧《たこ》、鞠《まり》、おはじきなどです。またカルタなどもお手製で作ってしまい、子どもたちに喜ばれると共に、その親たちをびっくりさせました。

日本の中世の時代には、お屋敷に仕え、お手伝いをしていました。何でも一通りこなすし、明るく活発なので喜ばれました。お洗濯、お料理、お掃除、衣服のほころびを縫うこと、庭の手入れ、接客、帳簿付け、その他言われた事は全部こなしました。言われない事、頼まれない事まで気づいたら率先して行ないました。その前世から、今でも対応能力があります。

レムリア時代においては、植物の研究をしていました。特に生態学に詳しく、土とその中の養分、また水の質、気象条件、日照時間などの関連で、どのように植物が繁茂《はんも》したり枯れたりするかについて詳しい人でした。

あなたは前世から、ピンとわかり、すぐ適切に対応するということが得意です。難しいことでも難なくやってのけてしまうので、はたから見るとあまり難しく見えないのですが、知っている人たちは仰天《ぎょうてん》しました。そのような特徴のあった人です。今でもそのようなところがあります。それを誇ることなく、ますます腕を磨き、他の方々のためにと、思いやりを示して進んでいくのが、今世におけるあなたに望まれている生き方です。

また今世においては、自分で自分を上手に赦してあげること、それによって自分の感情に安らぎをもたらし、人生には喜びと平安、感謝と信頼が大切なことを自分で体験していくことが、求められていることなのです。あなたは前世で他の人たちのために尽くし、そつなくこなしてきました。今世においてはそれと共に、自分の素晴らしさを自分で体感し、それによって神が如何に良くしてくださったかを実感し、感謝と信頼、平安を自分で体験していくことが大切です。それを周りと分かち合い、前世をさらに前進させていくのです。そのように取り組んでみましょう。

リーディングを終了します。

Q① 前世を知ることで、どんな変化がありましたか？
あるいは、どんな変化を起こそうと思っていますか？

何の目的もなく生きてきたように思われる前世での人生でも、今の私に少なからず影響を及ぼしている。私がこれから生きていく人生も、また来世に影響することを考えると、私だけの人生ではなく、責任を持って生きていこうと思いました。
また、家族もそれぞれの前世を生き、いま家族として生まれてきたのだと思うと、もっと深い所でつながっている気がしました。

Q② それ（Q①の答え）は、前世リーディングのどの部分が役に立ちましたか？

『お手伝い役を務めることが好きな人です』の部分は、自分の今の仕事にぴったりで、やっぱりと思いました。

『今世においてもある程度行なうと「もういいかな」という気持ちが動く』の部分は、今の性格そのままで考えさせられました。もう一歩がんばっていく努力が必要だと気づきました。

『他の方々のためにと思いやりを示して進んでいくことが、今世におけるあなたに望まれている生き方』の部分からは、これからも、他の人々のお世話をさせてもらったり、喜びを与えられるような人に慣れるように努力して、それを自分の喜びとして行けるよう頑張ろうと思いました。

Q③ 前世を知ることで、あなた自身の内面（考え方・生き方など）にどんな影響がありましたか？

自分がこの世に誕生する前から、もうさまざまな人生を歩み、生と死を何度も繰り返し、そして今またここに生まれてきたのだとはっきり感じることができたのと同時に、魂の存在が、いつでもどんな時でも私とともにいてくれることに対して、安心感ややすらぎを与えられました。

自分は一人ではなく、何度も生死を共にした魂と一緒にいられる喜びを忘れず、不安や恐怖よりも感謝を大切にして生きていこうと思います。

Q④ これからさらに、前世リーディングを活かしていきたいことは何ですか？

前世での反省を今世に活かし、来世につながるような素晴らしい人生を歩んでいきたいと思います。つらいことや悲しいことがあっても、前世でも体験して乗り越えられたからこそ今の私がいると思うと、何があってもやっていける勇気をもらいました。

◇前世リーディング⑥

出生地：香川県仲多度郡
現住所：香川県綾歌郡
職業：会社員
年令：54歳
性別：女性
2002年3月5日

ソースへの質問：私の前世をお知らせください。

ソース：性格的にすごく強いところと、すごく弱いところとを併せ持っている人です。頑固な面と傷つきやすい繊細な面です。自分の中で、その兼ね合いがまだうまく取れていません。でも、うまくもっていければ、その両方を生かせる人になれるのです。誰の中にも強い面、弱い面、それぞれがあるのですが、あなたの場合は、それが自分の中でまだうまく位置つけができておらず、自分で戸惑い気味です。使い方が今ひとつよくわかっていません。

前世から人間関係で苦労してきたところがあります。それは、一つには前世からの影響があるからです。しかしそれと同じ位、霊界からの影響もあります。霊界に長く留まっていた期間があり、今世もようやく生まれてきました。ですから今でも霊界の名残があり、自分の心や殻の中に留まる傾向が強く、外の世界を客観的に正しく捉えたり、あるいは自分自身をその中の一つとして、ありのままに位置づけたりするのが苦手です。そのために、他の人との意思の疎通や交流が、難しくなっているところがあるのです。でも気持ちの中に、とても純情で素直なところがあるので、一生懸命取り組んでいるのが見られます。その意味でとても健気《けなげ》な精神の持ち主です。

これまでの生まれ変わりの回数は、四十二、三回程度です。男性であった時が十四回位を占めています。あなたは前世で女性であった時でも、すごく女性らしい人だった時と、そのような自分を自分で拒絶して自分を受入れられなかった時との、両方を体験してきています。今世においては、自分で自分を適切に愛し、そして他の人たちとの心からの意思疎通をめざしています。

仕事に関しては、なかなかマイペースのところが見られ、手堅くこなしてきています。前世から経理、会計の仕事などに就いたり、またある前世では、設計事務所に務めていたり、また測量の仕事をしたりなど、算術的な能力が今でもある人です。

ペルシャに生きていた前世では、商いの仕事をしていました。貿易に関わっていたのです。海外貿易で、周りの国々との商品の流通があり、あなたもそれに参加していました。でも、大きな波に翻弄されるような気がして、浮沈《ふちん》もみられ、心もそれに伴って動揺していたのです。今世においては、周りの動きに翻弄されない心を確立することが必要です。前世では外界の事柄がそのまま心にも反映してしまい、心の休まる時がありませんでした。落ち込んだり、有頂天になったり、現実の流れがそのまま心に表われてしまったのです。それだけ感情的で、また単純、素直な性格でした。

さらにそれは体にも及びました。体調にも表われたのです。しかしその分、あなたは他の人たちの体や心にとても敏感な人になれました。特に、商品の中でも健康と美容に関わる品物に関しては、とても目利きがよく、他の人のためになるほどに自分の歩みを進めることができました。今世においても何か、自分で自信を持てるもの、そして他に役立つものを持つと良いでしょう。

日本の前世では、中世の時期からの影響が強い人です。一つは奈良末期から平安朝初期にかけての時代です。あなたは箱入り娘的な存在でした。文学少女で、習い事もさせられて心の人になりました。文化に関してとても詳しい人でした。でも習い覚えるだけで、あまりそれを応用せず、受身的でした。今世においては、応用し、それを役立てる喜びを実践の場で得たいと、心から望んでいます。

続いてすぐ、平安末から鎌倉初期にかけての時期に転生しました。とても心が敏感で、傷つきやすい性質《たち》でした。ビクビクするところも見られました。なんでもそのまま真に受けるところがありました。今世においては、自分自身の課題と相手の課題とをよく見分けるようにすることが必要です。また相手の気持ちを察してあげることで、言葉の背後にある精神を汲み取れるようになり、あまり物理的な動きに振り回されたり惑わされたりしなくなります。

鎌倉時代の前世では、学びたい、活動したいと思いつつも、傷つくのを恐れ、尻込みがちでした。京都に対する憧れがあり、時々友人に誘われて出向きました。特に、仏教その他の文化についてです。でも、最初は珍しく思い興味を持っていても、体験の中で嫌なことがあるとめげてしまい、落ち込んで帰って来てしまいました。そしてしばらくふさぎ込み、自分の殻に閉じこもってしまうことがよくありました。今世においては、自分を大切にしつつも、傷つくことを恐れず、体験を通して初めて貴重な教訓が得られ、自分の中に強さと弱さとの調和状態が作り出され、他の人の気持ちも感じられるようになることをめざすことです。

試行錯誤を重ねながらも、あなたは少しずつ進歩し、霊界に帰ってから反省し、思うところ、感ずるところがあり、また恐々《こわごわ》と、しかし興味も持って転生して来ました。

ローマの南方部に住んでいた時もありました。なかなか時代の流れに乗り切れず、興味があるけれども受け入れられなかったり馴染めないところもあり、どうしてよいものかどうか、考えあぐねていました。それを見かねて友人が訪ねて来て、あなたを引っ張り出したりもしました。あなたは、なかなか無邪気で純真な心の持ち主でした。そして、どこか構えているところがありました。そうすると相手の人も構えてしまいます。あなたの良さをわかってくれる人たちは多いのですから、それを信じ、そして確認し、自分を開きましょう。それによってあなたはもっと多くのものが得られるようになるのです。あなたは今でも主観的傾向の強い人です。

中国に生きていたある前世では、衣類の関係の仕事に就いていました。生地の素材に関してとても詳しい人でした。しかし他の人に押されてしまうと、そのまま引っ込んでしまうところがありました。今世においては相手から否定されたり、相手と食い違った場合でも、自分自身の中に確信がある時は、それをすぐに引っ込めずに差し出しましょう。相手とただぶつかるということではなく、相手との関わり合いの中で、共同で作り出されていくものが待ち受けているのです。

インドにおける前世では、なかなか賢い人でした。計算をしたり、また言葉を暗記したり、とても正確で素早くできました。でもその後、一時うまくいかなくなった時があり、それによって落ち込み、自分を疑うようになって才能が控えられてしまいました。今世では、人生とは失敗の上に成り立っていることに気づきましょう。そしてうまくいかないことがあっても、それは「もう止めろ」という合図ではないこと、ましてや、自分の全存在の価値を否定されたことでないことを知るのです。

あなたは生まれ変わりの中で、概して人生の前半期はとても素直、大らかで、才能も発揮して期待されていたのですが、世間に出て、叩かれるような目に一、二度遭うと、それで自分の全てが否定されたと捉え、全部の良さが控えられてしまったという経緯を辿ったパターンが見えます。大きく成功している人たちは、失敗をしなかった人たちではなく、むしろ人一倍失敗を重ねた末、大きく成功し、社会に貢献できるようになったことを知るべきです。そのような中で、人の心や痛みもわかる人に成長していけるのです。あなたは、少しずつこのようなことにも気づき始め、今世頑張って取り組み始めているのが見られます。また、時に自分で自分を励ましてあげることも必要です。今世においてあなたは、自分の体と心のマスターになるためにも生まれ変わって来ています。

古代の日本に生きていた前世では、とても無口で優しい、しかし表向き頑固な性質の人でした。あなたが素晴らしい精神を持って、優しくて朗《ほが》らかで愛らしいことを一部の人たちはわかっていました。

あなたは自分の良さを自覚することが必要です。そして謙虚ながらも自分を生かすこと、それが今世を全《まっと》うするためには必要です。今回の人生では、自分を学び、十分体験するために生まれて来ました。それと共に、人々との意義深い関係を形成したいと、心から望んでいます。

前世において、幾多の人間関係の悲しみがありました。今世ではそれを拭《ぬぐ》いつつ、人の心が分かる人になって、乗り越えながら進んで行くと良いでしょう。

リーディングを終了します。

Q① 前世を知ることで、どんな変化がありましたか？

あるいは、どんな変化を起こそうと思っていますか？

ある友人から、私といるととても疲れると言われ、おつきあいを中断していました。その方に、前世リーディングをＦＡＸした所、Ｑ②の部分で納得できたとお電話をいただき、おつきあいが復活しました。

Q② それ（Ｑ①の答え）は、前世リーディングのどの部分が役に立ちましたか？

『霊界に長く留まっていた期間があり、今世もようやく生まれてきました。ですから今でも霊界の名残があり、自分の心や殻の中に留まる傾向が強く、外の世界を客観的に正しく捉えたり、あるいは自分自身をその中の一つとして、ありのままに位置づけたりするのが苦手です。そのために、他の人との意思の疎通や交流が、難しくなっているところがあるのです。でも気持ちの中に、とても純情で素直なところがあるので、一生懸命取り組んでいるのが見られます。その意味でとても健気な精神の持ち主です。』

Q③　前世を知ることで、あなた自身の内面（考え方・生き方など）にどんな影響がありましたか？

いままでも、自分の殻に閉じこもってしまうことがよくあります。傷つくことを恐れて、人と議論を戦わすことはありませんでした。人から見ると、何を考えているのかわからず、ええかっこしいと見られているようです。これから、少しずつ自分を表現していきたいと思います。前世を知って、なにか安心することができました。

Q④ これからさらに、前世リーディングを活かしていきたいことは何ですか？

まだよくわかりませんが、安心して生活できるようになったことをうれしく思っています。

◇前世リーディング⑦

出生地：東京都小金井市
現住所：東京都世田谷区
職業：外資系経営コンサルタント
年令：36歳
性別：男性
2002年3月6日

ソースへの質問：私の前世をお知らせください。

ソース：今から二十五万年、あるいは二十三万年程前に、「オグ」と呼ばれた文明の中に現われました。宇宙的な意識の広がりを持ちながら、自分自身を確かめ始めました。また宇宙と自分との関係、自然の中における自分の存在について思いを凝《こ》らしました。その頃から思索的な人であるようになりました。

続いてレムリア大陸に転生しました。レムリア大陸では二、三回転生しました。今から十数万年前のことです。そこでは地球上の生物に意識を凝らしました。土、水、岩石から始まって、樹木、昆虫、その他の生き物たちなどです。その頃から観察力に秀でる人になりました。自然の摂理、生命の法則に関心を寄せ始めるようになりました。そうした中で人間は自然と共存し、自然から採《と》れた物を戴いて成り立つこと、自然と調和しながら、初めて生きるのを許されることを自然から教わりました。そしてその頃から、探求者としてのあなたが発揮されるようになりました。

レムリアの後はアトランティスに転生して行きました。また、アトランティスと前後して、南太平洋諸島のマーシャル、ソロモン、ハワイなどの地域での前世もありました。アトランティスでは、三、四回は転生し、その内の一つでは光について研究し、さらに実践的に取り組んでいました。光学の方面です。また、光との関連で色彩についても詳しくなりました。

別のアトランティスにおける前世では、写真技術について知識を持つ人でした。今述べられたアトランティスにおける前世と対応しており、生まれ変わってもやはり、感光紙などについて知識を持つ人であったり、光や色彩との関連で、ビジュアルな世界において科学技術を駆使し、トレースする技術を持っていました。主に建築設計の人たちと協力し、建物の建築にそれらを利用しました。また一部動物や人間の治療にも利用されました。そのような中にはレーザー光線に類似したものもあります。

さらにアトランティスにおいての別の前世として、教育、そして人間の心、人間関係の心理学などについて興味を持ち、治療や福祉方面の人たちとも関わりながら、人間の生命について究明し、さらに応用していきました。知恵の言葉、格言《かくげん》などにも関心を寄せ、マントラのようなものも学びました。人間の潜在意識の仕組みと可能性についても学び、試してみるようになりました。その時の学びと関心、あるいは役目が、今の仕事に繋がってきています。

一方、南太平洋諸島における前世では、冒険好きで、自然と生物に興味を持つ人でした。海洋について興味を懐《いだ》き、海底を探索し、心を自然と一体化させました。

続いて、古代のエジプトに転生しました。エジプトでは三回位は転生しています。アトランティスの前世に続き、カウンセル、あるいは今で言うコンサルティングに関わるようになっていきました。人間関係のマネージメントと管理について責任を担うようになりました。実際的応用の面で手腕を発揮するようになっていったのです。

続いてギリシャの方に転生しました。プラモデルを作ったり、木材などの材料を集めてきて、さまざまな物を作り出していきました。物を組み立てるのが好きな人でした。設計と構造に関心があり、何でも仕組み作りに興味がある人でした。社会の仕組み、世の中の仕組み、自然界の仕組み、宇宙の構造、自然界の掟《おきて》、人間の心の仕組み、また人間関係の在り方など、構造と法則に興味を持ち、それを明らかにしたいという人でした。

またギリシャでは幾何学と数学も学び、難問に取り組むのが好きでした。始終何かを考えたり、問題を解決することに取り組む人でした。そのような意味で哲学にも興味を持ちました。問題意識を持って取り組み、それに解答を与えるのが好きな人でした。周りからは、やや深刻な人であると見られていました。

イスラエルにも転生して行きました。イスラエルでは知恵の言葉、また言葉そのものの持つ力と可能性に目を留めました。また、神の存在についても意識を凝らしました。そして物理的な世界に神の光が届き、命として顕現《けんげん》してきていることを確認し、自然界や人間界に、神がどのように反映してきているかじっと観察し、究明することに取り組んでいる人でした。なかなか知恵のある人で、周りの人たちの相談を請け負うことに生き甲斐を感じている人でした。

あなた自身、始終何かを考え込んでいたので、他の人の考えていたり悩んだりしていることに答えられるようになっていったのです。今でもあなたは疑問を懐きながら生きていますね。「何故だろう、どうしてこうなんだろう、これはどのようになっているのだろう、どうしたらうまくいくのだろう」。そのようなことを常々問いかけながら生きているところがあります。

そして、ローマに転生して行きました。ローマでは法律を学び、人権を擁護することに使命を感じていました。不正を無くすことが必要だと感じている人でした。

東ヨーロッパからロシアにかけての地域にも転生しています。そこでは、美術工芸の方面で巧みな技を持っている人でした。

中国にも転生して行きました。中国では学問を学び、他の人たちに教えました。

日本でも十回位は転生してきています。今から三千年位前から、日本に生まれ変わるようになりました。日本の文化と技術に関心を寄せてきた人です。特に建築、不動産関係、また人間関係についても知恵を培ってきました。日本の中では三百年に一度位ずつ、平均ペースでこの三千年に十回位転生して来た人ですので、ほぼどの時代も体験してきています。深く考える人でした。そして工夫し、実際に役立つように知識を応用することを行なう人でした。

技芸、芸能にも関心を寄せました、人間の心を豊かにする文化、あるいは祭にも大層評価を与えました。一人ひとりが和《なご》める生活空間や社会環境を創り出すことに使命を感じ、室町時代から江戸時代、そしてこの現代へと少しずつ生まれ変わって、今日のあなたを作り上げてきた魂です。

これまでの転生回数は五十七、八回。その内男性であったのは三十五回、その他は女性としての転生でした。真面目《まじめ》で真剣に取り組み、きっちり行なう人で、やや融通性はないものの、責任感の強いのが特徴です。

形を作る使命のある人です。表現というより具現化する、そして構造を明らかにし、法則に基づいてさらに良い物を作り出す応用力に長けている人です。内面的な認識においても優れ、また非常に人情味豊かで、互いにサポートし合う関係が生きて行く基本である、と常々感じている人です。形や構造、また物質、さらに心などに関して知恵の働く人です。何でも形にしたがるところが特徴です。責任感と思いやり、そして任務遂行などの大切さを、今後とも周りの人たちに知らしめていくことでしょう。

リーディングを終了します。

Q① 前世を知ることで、どんな変化がありましたか？
あるいは、どんな変化を起こそうと思っていますか？

これまでも、人の相談に乗せていただいたり、調整役を仰せつかったりすることが多かったのですが、リーディング以降、仕事やプライベートでそういう役割をさせていただく機会が、これまで以上に増えました。

そのおかげで、難解な人の心の動きと人と人との間のコミュニケーションについて、少しずつ課題を解決していけるようになるために、自分自身が成長していける環境が、いつも周りにあることを実感しています。

世の中にありふれている些細なトラブルからもっと大きな対立まで、その解決を手助けしていけるような存在でありたいと思っています。

Q② それ（Q①の答え）は、前世リーディングのどの部分が役に立ちましたか？

キーワードとして気になった言葉が、たくさんあります。

・自然と調和しながら、初めて生きるのを許されることを自然から教わりました。

・人間関係のマネジメントと管理について、責任を負うようになりました。

・設計や構造に関心があり、なんでも仕組み作りに興味がある人でした。社会の仕組み、世の中の仕組み、宇宙の構造、自然界の掟、人間の心の仕組み、また人間関係の在り方など、構造と法則に興味を持ち、それを明らかにしたい人でした。

自分が過去どんな人であったのかということが、いまの自分とどうつながっているのかという相関を考えると、学ぶべきことが多くありました。

Q③ 前世を知ることで、あなた自身の内面（考え方・生き方など）にどんな影響がありましたか？

ひとことで言えば、「これでいいのかな」と感じました。
自分は自分、持って生まれた性分があり、ものの見方や嗜好は変えられるわけではないし、世の中に、こういう自分が一人存在していても、それはそれで何かの役に立っているのだろう。できることをやっていくことが、自分に与えられた使命なのではないかと…。

Q④ これからさらに、前世リーディングを活かしていきたいことは何ですか？

何か人の役に立つことをしていく、ということでしょうか。正直に言うと、人の悩みも背負いこんでしまうことがあり、つらいと感じることも多いのですが、「それも本分なんだよなあ」と、ほっと一息ついて、また取り組んでいけるようにしたいと思っています。

あとがき

私は三十年間にわたり精神方面の学習・研究・調査・実践を行うなかで、転生とカルマについても二十年以上取り組んできました。それは今、私の専門分野の一つとなっています。

仏教の業論から始まり、哲学、現代心理学、占い、精神世界、ニューエイジ、神秘学に至るまでを見ていくなかで、八三年に三世因果透視所を開設し、『ブッダのカルマ論』を著わしました。次いで、八四年から八六年にかけては転生心理学研究所時代で、転生を解明する科学方法論としてプロジェクトA～Fを企画し、その構想の実施に乗り出しました。八七年からポール・ソロモンに就き、九二年からはリーディングを自らスタート。現在、六五〇〇件以上に達しました。その中で、前世リーディングも二〇〇一年から行っています。

その間、世間の方でもようやく、前世催眠、死後の世界、臨死体験、リーディング、チャネリングなどについて、少しずつですが普及し、知られるようになってきました。

そのような世の中の流れからも時期到来と思い、新しい時代の精神方面を用意するためにも、ここで私なりにこれまでの二十、三十年間の成果を簡潔にまとめてみることにした次第です。転生とカルマを未だ認めていないイスラム教、キリスト教が世界的に問題を引き起こしてきている現状を鑑《かんが》みても、今がタイミングだと感じたのです。

前世を知ること、転生説が教えてくれることを人生に取り入れることで、今世をさらに充実させるために、この本が、より多くの方々のお役に立つことを願って止みません。そして、前世リーディングを体験されることもあわせてお勧め致します。

最後に、本書を出版するにあたり、たま出版の中西廣侑氏、そして高橋清貴氏、中川亜一氏、リライトをして下さった安田真理氏、また今回のために前世リーディングをお受け下さった方々にも多大なご協力をいただきました。企画その他でお骨折り下さった浅野総合研究所の澤井典子さん、大変なテープ起こしをして下さった長田希久子さん、リーディングのコンダクターを務めた妻の洋子にも多大なご協力をいただきました。

この場をお借りいたしまして、心より感謝の意を申し上げます。

平成十四年三月十一日

浅野信

●リーディングを行った際の質問

・人間はどこから来て、どこへと還っていくのか
・転生説の歴史について
・輪廻転生とカルマの関係について
・遺伝の法則と生まれ変わりについて
・前世を知る意味と価値は何か
・人間は常に人間に生まれ変わるのか
・輪廻転生のサイクル
・生まれ変わりの回数
・生まれ変わりと性別の関係
・生まれ変わりと出生国・出生地の関係
・地球以外の他の惑星から人間に生まれ変わることはあるのか
・トラウマと前世の関係
・前世を知ることによってトラウマを解消するのか（魂の癒し）
・生まれ変わりの際、母胎に宿るがどのような基準で両親が選ばれるのか
・母胎にいる時前世の記憶をもっているのか
・なぜ多くの人は前世の記憶がないのか
・前世を思い出す方法
・ソウルメイトとツインソウルについて

・今世で出会う人たちと前世での繋がり

　両親編

　兄弟姉妹編

　夫婦編

　姪、甥、叔母、叔父、従兄弟など親戚編

　恋人或いは愛人など恋愛関係編

　親友・友人編

　師弟関係編

　職場の同僚や仕事関係の人編

　団体、サークル、同好会などグループ編

・ツインソウルは同じ時代に生まれ変わるのか

・ツインソウルを見つけるポイント

・来世のために今世できること

・最後の転生とその条件について

●用語注釈

第一章

注1：放蕩息子の喩え話

主イエスのした喩え話に登場する人物で、弟息子のこと。この喩え話は、思想的に深く、文学的にも美しく、「福音書中の真珠」と言われている。この物語の主題は、差別されている者を受け入れ、人の罪を赦して、温かく迎えてくださる神の愛である。ここに登場する「父」は神を、「弟」つまり「放蕩息子」は罪人とされている人間を、「兄」はファリサイ派のユダヤ人を指している。

注2：絶対界

他に並ぶもののない、他との比較・対立を超絶した、一切他から制限・拘束されないあり方を有する世界・領域。宇宙の根底として無条件・無制約・純粋・完全で、自ら独立に存在する唯一の最高存在の世界。

注3：ヴェーダとウパニシャッド

ヴェーダはインド最古の宗教文献。バラモン教の根本聖典。インドの宗教・哲学・文学の源流をなすもの。ウパニシャッドはインド古代の宗教哲学書。ヴェーダ文献の末尾をなすところからヴェーダーンダ（ヴェーダの終り）ともいわれ、また奥義書と称する。宇宙の根本原理（ブラフマン）と個人の自我（アートマン）の一致（梵我一如）などを説き、のちのインド哲学の源流となった。

注4：バラモン教
仏教以前からバラモン（僧侶・祭司階級）を中心に行われたインドの民族宗教。ヴェーダ聖典を権威とし、自然神をまつり、祭式を重視した。

注5：世親の成業論
世親（ヴァスバンドゥ）は4〜5世紀頃の北西インドの僧。弥勒《みろく》・無着《むじゃく》を承けて唯識説を大成。成業論はカルマの成り立ちと法則について、彼が論じたもの。

注6：罪業思想
罪業とは、悪い結果を生む行い。身・口・意の三業で作る罪。特に罪業思想は、日本の親鸞がカルマを、己を内省しつつ罪への自覚として深め、捉えたもの。

注7：往相回向・還相回向

往相回向は、自分の功徳を一切の衆生にめぐらし施して、共に浄土に往生できるように願うこと。還相回向は、浄土に往生して後、この世界に戻って一切衆生を教化し共に往生すること。

注8：死者の書

古代エジプトで副葬品とした死後の世界への案内書。死者の冥福のための祈祷・讃歌・信条などを記載。

また一方、チベットにも死者の書があり、それは、他界して行く者を成仏へと導く案内書である。

注9：アブラハム

旧約聖書に記されるイスラエルの民の祖。コーランでは、アラブ族の祖。

・カナンの地

カナンは、主としてフェニキヤにおけるセム系言語を話す人々と彼らの領土を指す名称。基本的には、シリヤ・パレスチナの地中海沿岸地帯、特にフェニキヤ地方の土地と住民を指す。

・メルキゼデク

「義の王」という意味。メルキゼデクは、アブラハムがロトとその財産と民とを東方の王たちから取り返して帰ってきた時、パンとぶどう酒を持って出迎え、アブラハムに祝福を与えた。

アブラハムは、すべての分捕物の十分の一を彼に与えた。メルキゼデクは、王であり祭司であった。メルキゼデクがパンとぶどう酒でアブラハムを祝福したことは、イエスが弟子たちにパンとぶどう酒で祝福を与えたことに結びつけられる。

・ヘブル人

旧約聖書の前半期において、イスラエル人を指す呼称。おもに外国人との関係で呼ばれる。すべてのイスラエル人がヘブル人ではなかったようである。

注10：ヨシュア

エフライム部族のかしらエリシャマの子ヌンの子。ヨシュアは早くからその信仰的勇気をモーセに認められ、戦いの指揮者として、モーセの従者として活躍した。

さらにヨシュアには会見の幕屋の任務が託されていた。

モーセ亡き後、彼が率いた軍隊は、民を導き、連戦連勝の勢いでカナンを占領し、遂に神の民に約束の土地を獲得させる大事業を完成した。

注11：預言者サムエル

サムエルはしばしば最後の士師、また最初の預言者と呼ばれた。イスラエルの最初の王サウルは彼によって王位につけられ、続いてダビデに油を注ぎ、ダビデを王につかせる準備をさせた。サムエルはまた、カルメル山に預言者学校を創設した。

注12：預言者学校

預言者を養成するための学校。サムエルによって、イスラエルのカルメル山に立てられた。その後、それはエッセネ派となって、メシアを生み出す母体となった。なお、預言者とは（神の）代言者、すなわち神のことばを預かる者という意味が第一義であり、予告者あるいは予言者という意味は第二義的である。

注13：エッセネ派

前1世紀から紀元1世紀にかけて盛んであったユダヤ教の修道的教派。サドカイやファリサイなどの主流派からは離れて存在した特異な宗派である。クムラン文書との関係があり、死海近辺、カルメル山その他に拠点を持ち、ユダヤ神秘主義を保持した。洗礼者ヨハネはエッセネ人の一人だとされる。

注14：死海写本

１９４７年以後、死海の北西端付近の多くの洞穴から発見された聖書、外典、偽典、ユダヤ教の宗団の文献等の総称。

注15：「洗礼者ヨハネは預言者エリヤであった」

マタイ伝の中でイエスは、「あなたがたが認めようとすればわかることだが、実は、彼（洗礼者ヨハネ）は現れるはずのエリヤである」と明かしている。ところがヨハネ伝では、ある者たちから「あなたはエリヤですか」と尋ねられたとき、ヨハネは「違う」と答えている。これによって、イエスは洗礼者ヨハネが預言者エリヤの生まれ変わりであることを見抜いていたのに対し、本人自身は自分のその前世を自覚していなかったことがわかる。ヨハネ伝は他の福音書に対し、それらの内容を補ったり、正しく訂正し直したり、神学的に高め深めていることの一端もここに示されているといえよう。

注16：イシス・オシリスの秘儀

女神イシスはヘルメスに教えを受けたとされる。彼女はエジプトにおけるマドンナであり、王オシリスの妻であり姉妹である。イシスは知識と知恵を意味し、自然の象徴である。オシリスは自然の生命原理を象徴する。イシス・オシリスの秘儀は、死を通しての復活を成し遂げる深秘の儀礼である。イシス女神は、夫であるオシリスの死を悲しみ、失われた言葉（オシリスの男根）を用意し、遂に彼を復活させるに至る。

注17：神智学体系

人間に神秘的霊智があって、これによって直接神を見ると説く信仰・思想の体系。特に、具体的には、19世紀末ブラヴァツキー夫人が中心になって展開したものを指す場合が多い。

注18：人智学

ブラヴァツキー夫人の神智学をより人間の側に、またヨーロッパのキリスト精神の側に引き戻したルドルフ・シュタイナーによって始められた神秘学の一形態。彼は独自の人智学を提唱し、芸術・教育など多分野で活動した。オルターナティヴ運動の先駆。

注19：カタリ派

12〜13世紀に、南フランスや北イタリアに広がったキリスト教の異端の一派。マニ教的二元論の立場に立ち、現世を悪とし、禁欲的苦行を実践した。

注20：エドガー・ケイシー

1877年に米国ケンタッキー州に生まれ、1945年に他界したキリスト教神秘家。宇宙に遍在する叡智を読み取り（リーディング）、数多くのメッセージを伝えた奇跡の人物。眠れる預言者。

第二章

注1：六道輪廻

六道の間を生まれかわり死にかわりして、迷いの生をつづけること。六道とは、衆生が善悪の業によっておもむき住む六つの迷界。すなわち、地獄・餓鬼・畜生・修羅・人間・天。

注2：ブライディ・マーフィー事件

アメリカ・コロラドのモリー・バーンスタインがバージニア・バーンス・タイ夫人を1952年から1953年にかけて前世の記憶の中に退行させ、彼女の前世が1800年代のアイルランド、ベルパスタに住んでいたブライディー・マーフィーだったという事実を明らかにした。最初はバーンスタイン自身も前世の記憶という点に疑問を感じたものの、回を重ねるごとに確信。タイ夫人はベルパスタでの生活と色々な細かい状況などを詳しく思い出し、当時は批判も多く受けたが、後には記録が間違ったもので、むしろ彼女の記憶が正確な事実だったことが多くの部分で確認された。

注3：ニカイア宗教会議・コンスタンチノープル公会議

ニカイアとは、小アジアの北西部にあった古代都市。325年、皇帝コンスタンティヌス一世がキリスト教会最初の公会議を召集し、三位一体説をとるアタナシウス派を正統とし、アリウス派を異端とした。

コンスタンチノープルで開催された553年の第2回公会議では、「輪廻転生の概念を信じることは、破門と天罰に値する罪」であるという宣言さえ採択された。

注4：無表業

未だ現象として表に顕わになってはいないカルマ。形を取っていない、潜在化した状態のままのカルマ。顕われ出て解消していく時期を待っているカルマ。しかし、無表業とみなされていても、精神的にはむしろ強く動いている場合もある。

注5：サットヴァ・カルマン（有情の業）

生きものたちの造り出すカルマのこと。生きていて活動したり働きをなす限り、そこにはカルマが生み出される。なお、カルマ（行為）には、身体的動作ばかりでなく、意志、想念、アイデア、イメージ、思考、願い、欲望などの動きも含まれている。無数の生きものたち（人間も含む）のこれらの行為によって宇宙が創造された、と仏教の一部では捉えている。

第四章

注1：ホワイトブラザーフッド

大白色同胞団。アトランティスで結成された高位のマスター（導師）たちのグループ。しかしその基は、天界にあり、キリストがその長を務めている、と思われる。この地上では、エジプトのギザに大ピラミッドとスフィンクスをヘルメスのもとで建造したり、エッセネ・ブラザーフッド（ホワイトブラザーフッドの一派）によってイエスが育成され、世に送り出されたとされる。

現代においては、リーディングのソース（情報源）にもなっている。なお、フリーメーソンとホワイトブラザーフッドとを同一視する説もあるが、それは間違いである。むしろ、ブラザーフッドはキリスト天界と見た方が妥当である。

第五章

注1：スウェーデンボルグ

18世紀におけるスウェーデンの神秘思想家。科学者であったが、霊的覚醒を受けて心霊研究に没頭し、新宗教を創設。著「天界と地獄」「神智と神愛」など。

第六章

注1：ヨハネ黙示録

黙示とは、おおいを取り除くこと、神の言葉と行為とが人間に示されることである。使徒ヨハネ（それ以外のヨハネとするのは誤り）は、これを、紀元81年から96年のドミティアヌス帝のキリスト教迫害時代に、流刑の地パトモス島で記すに至った。信仰の兄弟姉妹を慰め、励まし、力づけ、忍耐させるために。さらに、神の国の完成を示し、神の教会の将来に関して確信を与えた。

第七章

注1：ミタンニ文明

前18世紀末、メソポタミア北部に建てられた王国。インド・ヨーロッパ語族が先住のフルリ人を支配して建国。都はワシュガンニ。前16世紀、オリエントで最強の国家となったが、前14世紀にヒッタイトに滅ぼされた。

●ARIのビジョン&ミッション

浅野総合研究所（Asano Research Institute／略称ARI）

ARIのビジョンはONE―全てはひとつ。ONEとは、総合という意味です。それぞれの違い、たとえば思想・世界観・主義・見解・好き嫌い・個性などをお互いに自覚し、認識した上で、尊重して認めあい、受け入れあっていったら、私たちは、違いこそを与えあうことができるのではないでしょうか。それは、ひとりひとりのかけがえのないユニークな存在を活かしあうことにつながります。大きな変革を迎えようとしている新しい時代を支えていく愛、そして叡智がONEの法則です。ARIは、ONEのビジョンという使命を生きながら、Interfaith―心と心を結ぶ架け橋となることをめざしています。

●リーディング

リーディングとは、ひとことで言えばリーダー（リーディングを行う人）が、アカシック・レコードと呼ばれる宇宙の存在すべてが記録されている世界を読み解くこと。

宇宙の歴史・叡智、普遍的真理までを含んだ「生きた波動」にアプローチして、アカシック・レコードを読み取り、質問者の質問や疑問に答えながら、その出来事や問題の隠れた意志・メッセージを解き、心構えや対策法を伝えていきます。

その結果、自分を深い部分で認識し、受け入れ、愛することにつながっていくため、すぐれたリーディングは、ある時は高度なカウンセリングであり、有効なコンサルティングでもあり、セラピーともなって、現実の人生にすぐに役立つツールとなります。

●パーソナル・リーディング

この宇宙の中で、ひとりひとりがかけがえのない誰とも置き換えられない独自性を持った存在です。それぞれが、より主体的で創造的な人生を生み出し、本来の自分を生きるために。

パーソナル・リーディングは、わかりやすくシンプルな内容で、自分を具体的に把握するお手伝いをします。すでにわかっていると思っていることも、より深く掘り下げることでさらに明確になったり、自分自身を別の視点からみることで、生き方の幅が広がっていきます。

なぜ今の時代に生まれてきたのか。その目的に触れ、使命を知って生きるプロセスで、カルマが解けて、成長が促される。それはあなたが十分に生かされ、幸せになり、自己実現を通して、社会に役立っていくことにつながります。100人受ければ100通りのリーディングとなり、同じ内容のものはまったくありません。今のあなたに最も必要なメッセージが語られます。個人に焦点を当てた個別のメッセージでありながらも、そこには普遍性、社会性が存在するので、他の方のリーディング

著者略歴

浅野信（あさの・まこと）

聖職名　ヨハネ・ペヌエル

1954年、茨城県に生まれる。クリスチャン・ホームに生まれ育つ。

74年から仏教の研究と実践、83年からは日本神道の研究と実践にも励む。

81年にエドガー・ケイシーを知り、92年より自らリーディングを開始し、その数はすでに10年間で6,500件を超える。本格派リーダー（Reader）である。一宗一派に依ることなく、ＯＮＥの普遍的真実を個人に即してやさしく説き続けている。

リーディングの他に講演会、講話、講座などにも応じている。

総合アドバイザー。現在、浅野総合研究所（ARI《アーイ》）代表。

[著書]
『アカシックリーディング1998―2000』『ライフ・リーディングでつかむ自分の生き方』『アカシックメッセージ』『親鸞の心』『リーディングが開く21世紀の扉』『前世Ⅱ』(たま出版)など。

[連絡先]
浅野総合研究所
〒185-0021　東京都国分寺市南町2-11-15　伸和ビル3階
TEL 042-328-5838　FAX 042-328-5840
E-mail：asanosou@aol.com
URL：http://members.aol.com/asanosou/arihptop.htm

前世

2002年7月15日　初版第1刷発行
2006年2月10日　　　第4刷発行

著　者　浅野 信
発行者　韮澤 潤一郎
発行所　株式会社 たま出版
〒160-0004　東京都新宿区四谷4-28-20
電話　03-5369-3051（代表）
http://www.tamabook.com
振　替　00130-5-94804

印刷所　東洋経済印刷株式会社

乱丁・落丁本お取り替えします。

ISBN4-8127-0065-5 C0011

を読むと役立つのも、パーソナル・リーディングの大きな特徴です。

パーソナル・リーディングは約45分間で4質問にお答えします。［料金：45000円］

●パーソナル・リーディング内容

性格、才能、適職、使命、将来性、自分の活かし方、生き方、留意すべき点、前世、カルマ、人間関係、恋愛、家庭、仕事、信仰、健康、体質、食事、ライフシール、色彩、宝石、星の影響、夢解釈 など。

●前世リーディング

あなたの魂のルーツを明かす前世リーディングです。あなたはいつの時代どこで何をしていたのか、なぜ今世に生まれ変わってきているのか。何万年に及ぶ前世が解き明かされる特別なものです。前世だけに焦点をあてますのでとても奥深く、魂の歴史とルーツが明らかになり自分の由来が分かります。前世を知ることによって、前世のカルマの癒しにもつながり、自信と確信がもて心がとても楽になります。カルマとパターン、今世の課題や傾向性が見えてきますので、日常生活の中で課題をクリアーすることの手助けにつながります。意識の時間枠だけでなく、空間が大きく広がり、意識の底が深くなり、洞察力も高まり自己認識が前進することによって、将来のビジョンや展望が自ずと開けていくこととなります。今世に何を成し遂げるために生まれ変わってきたのか、何を約束してきたのかが明確化され、才能や適職なども深くつながっていきます。魂の準備ができている方の場合、転生の回数や使命、性別、前世の名前など明かされることもあります。

前世リーディングは約40分間で1質問（固定質問）にお答えします。［料金：38000円］

●前世リーディング内容

質問内容は固定の「私の前世をお知らせ下さい」の1質問のみとなります。ただし、特殊な質問内容として、他の惑星での滞在、霊界でのこれまでの魂の経過について、オプションで尋ねることが可能です。

●リーディングの方法

リーディングは、依頼者が書かれた申込書、質問書、お写真などにより、遠隔からその方に関わる固有の真理を読み取ります。これは、遠隔リーディングで、当日依頼者が立ち会うこともできます。遠隔でも立ち会いでも内容に差異はありません。

リーディング中は、コンダクターが依頼者の質問を問いかけ、リーダーは横たわった状態で質問に答えていきます。質問が、明確で具体的な文章であるほど、より深く、明快なリーディングになります。

当日録音したテープ、またそのカセットテープを起こした文章を、約1ヶ月半後にお手元に郵送します。リーディングを受けられる方のプライバシーは厳重に保護されていますので、安心してお受け下さい。